ISBN 978-3-649-63965-7

© 2021 Coppenrath Verlag GmbH & Co. KG,
Hafenweg 30, 48155 Münster, Germany
Grafische Gestaltung: Thomas Wolters, Internetlitho
Redaktion: Kai König
Alle Rechte vorbehalten

Printed in Slovakia

www.coppenrath.de

Josef,
er ist hochbegabt!

Mit Illustrationen
von Thorsten Saleina

COPPENRATH

Inhalt

Als ich Jesus war

Axel Hacke

Noch zwei Wochen bis Weihnachten. Ich hatte in der Stadt etwas zu erledigen gehabt, auf dem Heimweg war ich über den Christkindlmarkt gegangen und hatte zufällig Bruno getroffen, meinen alten Freund. Wir hatten uns schon eine ganze Weile nicht mehr gesehen, tranken einen Glühwein zusammen, aßen eine Bratwurst und tranken noch einen Glühwein. In leicht gehobener Stimmung machte ich mich auf den Heimweg, nicht ohne noch an einem der Stände auf dem Rindermarkt eine handgeschnitzte Christkindkrippe für unser Wohnzimmer zu kaufen, wie Paola es mir aufgetragen hatte.

Ich nahm den Weg über den Färbergraben. An der Ecke Sendlinger Straße, beim Kaufhaus Konen, saß ein Bettler auf dem Boden, vor sich einen Hut mit ein paar Münzen darin, neben sich ein paar Krücken.

Ich befand mich, wie gesagt, in beschwingter Stimmung, und so rief ich (weiß der Himmel, was mich dazu bewegte) dem Mann ein fröhliches „Steh auf und geh!" zu.

Wer beschreibt mein Erstaunen, als der Mensch sich sogleich aus den Decken wickelte, die seine Beine bedeckten, wie er sich mühsam auf die Knie drehte, langsam erhob, seine Krücken nahm, schließlich stand und dann aber diese Krücken von sich wegschob, sodass sie zu Boden fielen, einige wackelige Schritte machte, sich mit der linken Hand am Schaufenster abstützte, dies aber schon mehr aus Verwunderung denn aus Schwäche – und wie er dann, Schritt für Schritt sicherer werdend, die Sendlinger Straße entlangging, stadtauswärts, die Richtung zur Asamkirche nehmend.

Ich blieb eine Weile stehen, seltsam berührt, dann ging ich weiter, folgte dem Mann, verlor ihn aber aus den Augen, ging weiter, an der Asamkirche vorbei, erreichte schließlich die Metzgerei Murr. Ich betrat das Geschäft und postierte mich vor dem Kühlregal mit den Getränken. Lange betrachtete ich die Mineralwasserflaschen, dann machte ich eine unbestimmte Handbewegung in ihre Richtung. Schlagartig färbte sich das Innere der Flaschen rot.

Ich nahm eine von ihnen und ging zur Kasse, um zu bezahlen. Die Verkäuferin betrachtete die Flasche geradezu fassungslos. Ich legte ihr die Hand auf die Schulter, um sie zu beruhigen, legte das Geld passend auf den Zahlteller und verließ den Laden. Von der Straße aus konnte ich sehen, wie die Kassiererin sich erhob, zum Getränkeregal ging und die Flaschen betrachtete. Sie rief einen Mann im weißen Kittel herbei, der ebenfalls staunend verharrte, dann eine Flasche nahm, sie öffnete und trank. Er rief etwas, aber ich konnte es nicht verstehen, ließ die Frau probieren, die aufgeregt zur Tür zeigte, in meine Richtung.

Ich machte mich davon, nicht ohne selbst einen Schluck aus der soeben erstandenen Flasche zu nehmen.

Ein perlender Lambrusco, ohne Zweifel, nichts Besonderes. Aber mit ein bisschen mehr Mühe, beim nächsten Mal…

Ich ging weiter, in Richtung meines Viertels, am Sendlinger Tor vorbei, Richtung Feuerwache. Ich merkte, dass mir einige Leute folgten, seit ich in dem Laden gewesen war, ja, ich glaubte sogar, den Bettler zu erkennen, auch einige Menschen, die schneller gingen und Handys in den Händen hielten, sei es, weil sie telefonierten, sei es, weil sie Fotos machen wollten.

Ich blieb kurz stehen, richtete meine Hände gen Himmel und sagte leise: „Schnee! Wind!"

Worauf sich sofort ein Schneesturm erhob, so stark, dass man nur in schräger Haltung gebeugt vorangehen konnte. Die Leute hinter mir verschwanden im dichten Flockenwirbel, und ich beeilte mich, nach Hause zu kommen und die am Christkindlmarkt gekaufte kleine Krippe an ihren Platz im Krippenhäuschen zu stellen, entschlossen, kein Wort über diese Angelegenheit zu verlieren. Was ich auch nie getan habe, bis heute.

Showdown im Advent

Jan Weiler

Vor uns lagen zwei Einladungen aus der Nachbarschaft. Und eine schwere Entscheidung. Wo sollten wir hingehen? Zur Adventsparty bei Dattelmanns oder zum Ehepaar Schenk? Ich mag die Schenks. Nette kinderlose Leute, die gerne reisen, sich aber nicht mit Dias aufdrängen. Außerdem kochen sie gut. Und sie spielen auf ihren Einladungen leise Musik, die nichts mit Weihnachten zu tun hat. Am liebsten würde ich bei ihnen einziehen. Ich habe Sara schon gefragt. Sie hat auch im Prinzip nichts dagegen, aber Schenks sind eben viel verreist, und dann gibt es nichts zu essen. Also bleibe ich notgedrungen bei meiner Familie.

Mit Dattelmanns ist es anders. Ich habe Angst vor Ulrich Dattelmann. Ich habe schon mal von ihm erzählt. Er ist der Chef der Schulpflegschaft, und er teilt die anderen Eltern zu Frondiensten ein. Wenn man nicht auf seiner Adventsparty erscheint, kann es

sein, dass man beim Sommerfest zur Strafe zwei Stunden lang bei 40 Grad im Schatten die Bälle aus der Torwand fummeln oder 3000 Luftballons aufpusten muss.

Die Adventspartys der Schenks und der Dattelmanns fanden erstmals gleichzeitig statt. Früher hatten sie sich terminlich noch abgesprochen. Dann feierten die einen am ersten und die anderen eben am dritten Advent. Das war gut, denn das Publikum überschneidet sich weitgehend, und niemand musste sich für oder gegen die Schenks oder die Dattelmanns entscheiden.

Im ersten und zweiten Jahr hatten die Schenks eindeutig die Nase vorn: Bei ihnen gab es die bessere Musik und wunderbares Essen. Insbesondere die Gulaschsuppe wurde allgemein hochgelobt. Im dritten Jahr haute Ulrich Dattelmann dann plötzlich ein Gulasch raus, dass uns allen die Spucke wegblieb. Das war ein regelrechtes Gulasch-Donnerwetter. Jedenfalls gab es zwei Wochen später bei Schenks kein Gulasch mehr, sondern eine Kartoffelsuppe.

Dattelmann arbeitete auch an der Musik. Anstatt wie in den ersten Jahren stundenlang „Kuschelrock-Christmas" zu dudeln, besorgte er sich drei anständige CDs, die unauffällig im Hintergrund liefen. Er richtete eine beheizte Raucher-Lounge auf der Terrasse ein und bot drei verschiedene Whiskys an. Und Gin Tonic, Bier, Rotwein. Es war eine Kampfansage an die Schenks.

Die legten nach, indem sie sich das Essen bringen und eine Schneebar bauen ließen und einen Barmann engagierten, der mit Shakern jonglieren konnte. Sie buchten zudem eine Jazzband, die bereits zwei Grammys gewonnen hatte.

Im Jahr danach waren die Schenks dann mehr zu Hause. Man erzählte sich, sie könnten sich die langen Reisen irgendwie nicht mehr leisten. Und in diesem Jahr nun stellten uns die Schenks und die Dattelmanns vor die Wahl. Beide Partys fanden am selben Abend am dritten Advent statt. Es war der Party-Showdown. Die Gastgeber-Paare wollten es wissen: Zu wem gehen die Nachbarn? Und wer würde am Ende auf der Gewinner-Party rumstehen, wer bei den ewigen Verlierern? Sara und ich schoben die Einladungen auf dem Küchentisch herum. Ich schlug vor, mich bei Dattelmanns zu opfern. Sara könnte dann zu den Schenks. Sie führte dagegen ins Feld, dass das wahrscheinlich sehr viele Paare machen würden. Und auf den beiden Partys säßen dann lauter halbierte Ehen herum.

Wir trafen am Ende eine sehr salomonische Entscheidung. Ab 19 Uhr waren wir bei Dattelmann, der die ganze Zeit in seinem Wohnzimmer stand und durchzählte, um zu rekapitulieren, wer nicht da war. Um 21 Uhr nahmen wir unsere Jacken, und ich verabschiedete mich mit der Ankündigung, jedes Jahr wieder gerne zu kommen und es sei ja doch bedeutend netter als bei den Schenks. Mit uns gingen noch weitere Gäste, die sich nun geschlossen auf den Weg zu Schenks machten. Auf der Straße trafen wir etwa ein Dutzend Nachbarn, die von dort gerade zu Dattelmanns liefen. Sie empfahlen uns die Maronensuppe und machten allesamt einen unglücklichen Eindruck. Eine gute Stunde später hatten die Schenks und die Dattelmanns ihre Gäste komplett ausgetauscht. Wir unterhielten uns mit denselben Leuten wie vorher, nur in einem anderen Wohnzimmer. Das hat mir richtig gut gefallen. Ich bin mal gespannt, was die Schenks und die Dattelmanns sagen, wenn ich nächstes Jahr ins Rennen einsteige.

Advent

Oliver Uschmann

Es war zwei Tage vor dem ersten Advent, als die Herrschaften gegenüber einen kleinen roten Lichterbogen ins Fenster stellten. Ihre Katze sprang zuerst mürrisch daneben und wollte den ihr angestammten Platz auf der Fensterbank gegen das Geleucht verteidigen, doch schließlich fand sie genug Platz und genoss fortan das Hocken im Schein des Lichtes wegen seiner Gemütlichkeit, seiner Wärme und sicher auch wegen des Ruhms, der ihr dadurch zuteilwurde, wenn Kinder, Rentner und studentische Paare mit Wollmützen und kleinen Turnschuhen auf das Fenster zeigten und Geräusche machten, wie man sie sonst nur in der Stofftierabteilung vernimmt. Als Yannick dann auf unserer Seite der Straße auf meiner Fensterbank konterte, schwangen die Köpfe der Passanten auf der Straße hin und her wie beim Wimbledon-Finale. Die Katze von gegenüber gewann das Match wegen der besseren Ausleuchtung der Bühne. Ich hatte nichts gegen den Lichterbogen und das warme, dezente Licht, doch ich konnte nicht ahnen, dass es der Beginn eines Lichterkrieges sein sollte, der unser Haus in immer tiefere Dunkelheit stürzen würde.

Jetzt schreiben wir die Woche vor dem zweiten Advent, und Hartmut hat gerade meine Fenster mit schwarzer Folie verklebt. Zwei Gucklöcher lässt er mir, Bullaugen mit dem Durchmesser einer Langspielplatte. Ich protestiere kaum noch, da ich sein Projekt nicht gefährden will und da es ja auch bescheuert aussieht, wenn die Vorderfront des Hauses nur auf einer Seite schwarz verklebte Fenster hat. Das Gothic-Pärchen von oben macht Hartmuts Aktion natürlich begeistert mit. Nur Kirsten weigert sich standhaft, ihre Fenster zu verdunkeln. Sie hat sogar aus Trotz gegen unseren „Unsinn" ihre Fenster mit Leuchtschläuchen umrandet und jeweils einen strahlenden Stern in die Mitte gehängt. Die Front unseres Hauses sieht jetzt aus wie ein alter Breitwandfilm im Kino – oben und unten schwarze Streifen und in der Mitte zwei hell umrandete Augen, die mit leuchtenden Sternenpupillen verbissen in die Nacht starren. Hartmut regt sich gar nicht auf über Kirstens Insubordination. Gerade der Kontrast mache unsere Schwärze doch erst richtig spektakulär, und außerdem wirke in der jungen Polizistin der gute alte Trotz und nicht etwa der Mithaltedrang gegen das Gepränge der Nachbarschaft. Ich finde es lustig, wie Hartmut hier von unserer Verdunkelung spricht, wo ich von selbst niemals auf die Idee gekommen wäre, den grassierenden Weihnachtsbeleuchtungswahn mit dem tiefschwarzen Gegenteil zu kontern.

Jetzt ist Hartmut fertig, packt lächelnd das Klebeband ein, zeigt wie ein Verkäufer am Messestand auf meine Fenster und lässt mich näher treten. Bedröppelt stehe ich da in meinem Zimmer und gewöhne mich daran, dass ich dieses Jahr den Schnee nur durch Bullaugen wahrnehmen werde, als würde ich mit einem Eisbrecher durch die Arktis fahren und fern der Heimat aus meiner Rumpfkajüte schauen. Die Fenster an den Seitenflanken sind noch frei. Aus der Küche heraus beobachtet Yannick den Garten des Häuslers. Die Büsche tragen dort schon Lichterketten, und im Rasen stecken Leuchtstäbe wie fluoreszierende Skistangen mit Glühwürmchen drin. Ich befürchte, der Krieg hat gerade erst begonnen.

Kurz nach Sonnenuntergang klopfen Pia und Frank von oben, Hartmut ruft mich, und wir müssen los zur Patrouille. Jeden Abend machen wir diesen Kontrollgang, betrachten die Entwicklungen in der Nachbarschaft, notieren Aufrüstungen und Zuspitzungen in bestimmten Gebieten, machen hier und da ein paar

Fotos vom Feind. Ich ziehe mir die Handschuhe an und eine Mütze über die Ohren, grüße die beiden und schließe die Tür ab. Mir gefällt dieser allabendliche Spaziergang durch das gelb, orange und rot leuchtende Viertel. Es ist, als würde man abends durch einen leeren Themenpark gehen. Lediglich nach dem Rundgang wird's ungemütlich. Da heißt es weitere Verdunkelung bei uns, falls die Mitbürger es mit dem Licht weiter übertrieben haben, und all die Gemütlichkeit geht wieder baden zwischen Panzertape, Reißzwecken, schwarzer Folie und Vermessung.

Wir gehen erst mal links die Straße runter, als die alte Haustür ins Schloss fällt, und sehen schon sofort, dass Frau Klein und Herr Schober ordentlich was getan haben. Eine Gruppe Rentiere steht dort bei Schobers im Garten, aus Lichtschläuchen und Draht geformt. Frau Klein hat einen großen Weihnachtsmann an den Dachfirst gehängt, der versucht, in das obere Fenster zu gelangen, und an ihrer Tür blinkt mittlerweile ein komisches Mandala in Blau, Rot, Gelb und Grün wie die Losbudenverkleidung auf der Kirmes. Die Hecken zum Weg hin kommen auf ein Lämpchen pro Blatt, und im Vorbeigehen höre ich ein leises, aber spürbares Gesumme, als sei die Luft in den Vorgärten dieser beiden Familien so aufgeladen wie der Platz unter den Strommasten am Niederrhein, wo Hartmut sich damals so gerne aufhielt, als wir als Kinder diese Serie mit den dreibeinigen Wächtern nachspielten. Hartmut holt seinen Block raus und macht Notizen, Pia und Frank vertrauen auf sein Protokoll, halten Händchen und schmiegen sich aneinander während unseres Spaziergangs. Beide tragen schwarze Mäntel und dünne, schwarze Schals, turteln ein wenig und zeigen hier und da mal auf ein Haus wie Touristen auf dorische Säulen. Ein paar Häuser weiter lacht Hartmut kurz und schmerzlos auf. Sämtliche Fenster sind dort mit Glühwürmchenschlauch umrandet, ebenso alle Dachrinnen und Abschlüsse, das ganze Haus hat leuchtende Konturen wie eine „Haus vom Nikolaus"-Zeichnung, die man mit goldenem Edding auf schwarze Pappe gemalt hat. Hartmut notiert eifrig die Entwicklungen, das gelbrote Licht setzt das schwarze Halsband mit den Stacheln in Szene, das Pia trägt, und Frank spielt auf ihrem Rücken mit ihren Fingern in den Handschuhen. Wir sprechen nicht viel auf diesen Spaziergängen, sondern betrachten in Ruhe die Nachbarschaft, während ich auch häufig Pia und Frank beim Betrachten betrachte. Ich hätte jetzt gern Glühwein.

In der Straße mit den alten Bergbauhäusern geht es richtig los. Hier haben längst die Duelle begonnen, die alten, massiven, urigen Häuser auf beiden Seiten der Straße stehen sich gegenüber wie Cowboys oder Kirmesbuden, die Straße selbst ist eine Flaniermeile geworden, ich sehe automatisch auf den Boden, um abgerissene Loszettel und alte Pommesschalen zu erspähen. Es scheint, als bestünden manche der Eigenheime nur aus purem Licht, das hier und da von einem Stein oder einem Stück Zement dekoriert wurde. Ein Apfelbaum senkt die Äste unter vielleicht fünftausend Glühbirnen, an einer Stelle ist die Dachrinne abgebrochen, Wasser tropft knapp an den dünnen Kabeln vorbei, die am Rand des Hauses gesammelt in einem Schuppen verschwinden. Es ist, als stünden wir in einem riesigen Computer, und die Häuser sind als Prozessoren mit vielen losen Kabeln an das Motherboard angeschlossen, der Tower ist transparent, und sein Inneres leuchtet, und für den großen User über uns sind wir auch bloß wuselnde Würmchen wie für uns die Punkte in den Lichtschläuchen dieser Nacht. Einige weitere Spaziergänger kommen uns entgegen, sie zeigen auf Giebel und Fenster, Vorgärten und Bäume und brummen unter ihren Schals verächtlich oder inspiriert, während hier und da ein Vorhang in den Häusern zur Seite gezogen wird und Menschen mit Teetassen ihre Zuschauer beobachten. Menschen wie du und ich, die nicht danach aussehen, diesem pathologischen Wahnsinn verfallen zu sein, und die mir wieder mal die Banalität des Blöden vor Augen führen. Es ist überall. Auch in unserer Nachbarschaft. Pia sagt, dass ihr die Zehen frieren, und Hartmut nickt wie ein Sergeant, der die Mission für beendet erklärt und genug Daten für heute gesammelt hat. Zurück vor unserer Haustür, beschließen Hartmut und die anderen, die Verdunkelung des Hauses auch auf die Seitenflanken auszuweiten. Eine halbe Stunde später stecken wir mitten im Bastelfieber.

Am Sonntag, dem zweiten Advent, kommen Touristen in unser Viertel. Hartmut beobachtet es schon am Vormittag, als er in Unterhosen am Fenster steht und durch die Bullaugen linst. „Das sind heute mehr als bloß Verwandtschaftsbesuche", sagt er. Gegen Nachmittag sind bereits sämtliche Straßenränder zugeparkt, hier und da stehen Smarts und neumodische Mini Cooper quer oder in zweiter Reihe. Als es dunkel wird und überall die Weihnachtsbeleuchtungen angehen, stehe ich schon im Flur mit Handschuhen und Mütze bereit, als Hartmut gerade aus dem großen Bad kommt und mich rufen will. Er bricht seine Order im Keim ab und lacht. Da klopfen auch schon Frank und Pia.

Auf dem Weg zur Straße mit den Bergbauhäusern sehe ich, dass Hartmuts Prognosen richtig waren. Die Dichte der parkplatzsuchenden Autos nimmt zu, schnatternde Menschen steigen aus den PKWs, Türen knallen, Omas rücken ihre Hüte gerade. Als wir in die Straße einbiegen, kommt uns ein Gaukler entgegen, ganze Menschenmengen wippen durch die Gegend, die Häuser links und rechts feuern, was das letzte Watt hergibt. Vor dem Haus mit dem überlasteten Apfelbaum ist ein Stand mit heißen Mandeln, Kakao und Glühwein aufgebaut, drei Gärten weiter verkaufen sie Bier und rote batteriebetriebene Weihnachtsmannmützen, deren Ränder mit blinkenden Lampen besetzt sind. Ich frage mich, wann sie Reißverschlüsse erfinden, die nur mit Batteriebetrieb zu verschließen sind, und Batterien, für deren Inbetriebnahme man kleinere Batterien braucht, die man in ein Fach in den größeren Batterien einschiebt. Vor einem Haus, in dessen Vorgarten ein Drei-mal-drei-Meter-Weihnachtsmann aufgepumpt ist, in den wie in eine Hüpfburg ständig Luft einströmt, werden weitere Lichterketten und Leuchtkränze verkauft.

Die Kartons sehen billiger aus als die Waren bei Urban, die Kabel sind so dünn wie Nähgarn, die Stecker sind nicht mal rund, sondern flach, wie für amerikanische Steckdosen, wenn mich nicht alles täuscht. Sie sehen nach Brand aus und Ruß und Verderben. Während Hartmut kräftig notiert, kommen zwei Männer die Straße hinab, zeigen ihre Ausweise, prüfen den Stand und verkünden, dass es sich um illegalen Schund aus China handelt, bei dem leitende Teile freiliegen. Sie sagen der Verkäuferin, dass sie die Ware konfiszieren müssen. Die sagt immer „Ja, danke" und „Ja, bitte" in gebrochenem Deutsch und grinst kuhäugig. Als die Männer anfangen, ihr die Kartons wegzutragen, tut sie so, als ob sie's gar nicht stört. Ich schäme mich irgendwie, ich weiß nicht genau, für wen. Dann beginnen die Männer mit der Inspektion der Häuser. Als sie dem ersten Anwohner die Lichterkette wegnehmen wollen, schlägt der mit einem Spanbrettholz nach ihnen. Sie rufen Verstärkung. Im Haus gegenüber ballert plötzlich die Weihnachtsplatte von Wolle Petry aus den Fenstern, Menschen mit Glühweinbechern in der Hand fangen an, auf dem Bürgersteig zu tanzen, während Wolle in genau demselben Tonfall die Heilige Nacht verkündet, in welchem er auch erzählt, dass seine Olle ihn in die Hölle geschickt hat. Frank und Pia schütteln den Kopf und knöpfen ihre Mäntel auf, damit man ihre T-Shirts von Deine Lakaien und Paradise Lost besser sehen kann. Hartmut schreibt und schreibt. Ich erahne viel Arbeit.

Einen Sonntag später sind die Vorbereitungen abgeschlossen. Der dritte Advent steht auf dem Plan, und während sich Hartmut, Frank und Pia um das Technische gekümmert haben, habe ich die Pressemitteilungen herausgesendet und mit Fernsehsendern telefoniert. Ich habe dabei aus meinen Bullaugen den ersten Schnee gesehen, bin sogar einmal aufgestanden, um zu sehen, wie sich die Straße langsam weiß färbt, und hätte fast den Redakteur von Kabel1 verpasst, der mittlerweile an den Hörer gekommen war und lauthals „Hallo?" rief. Die Nachbarschaft ist immer noch vollgeparkt, die Wattzahl im Rahmen des überhaupt noch Möglichen maximiert worden. Die Katze sitzt schon lang nicht mehr gegenüber im Fenster, es ist ihr zu grell von draußen. Ihr Frauchen hat den kleinen Bogen abgeschaltet und von der Bank genommen, ihre Rollos sind unten. Ich glaube sogar, ich hätte sie neulich morgens wegfahren hören, mit Kofferrollen auf dem Kopfsteinpflaster und irgendwas von wegen „wärmerer Gefilde". Yannick sitzt auf

meinem Bett und macht mir Vorwürfe, weil er durch
kein Fenster mehr sehen kann. Ab 20 Uhr hat sich das
Fernsehen angemeldet, ich zweifle immer noch daran, dass Hartmuts Plan funktioniert. Er und die anderen haben immer vormittags gearbeitet, als Kirsten
aus dem ersten Stock bei der Arbeit war, sie waren
leise, selbst Hans-Dieter hinten ahnte nichts.

Jetzt biegen die ersten Kleinbusse um die Ecke, und
junge Männer mit kurzen Haaren und exakt be-
schnittenen Kinnbärtchen steigen aus. Das Fernsehen ist da. Wir öffnen die Tür, und die Männer
erklären uns, dass wir Publikum brauchen. Ich sage,
dass ich das besorge und sie schon mal aufbauen
sollen, und laufe runter zur inoffiziellen Jahrmarkts-
meile bei den Bergbauhäusern. Hier ist es immer
lauter geworden, zu Wolle Petry ertönen jetzt auch
Grönemeyer, André Rieu und die Weihnachtsplatte
der Toten Hosen aus den Häusern, die Frau mit den
illegalen Beleuchtungsketten ist wieder da, alle An-
gezeigten haben ihre Lichter wieder aufgehängt,
Mandeln und Glühwein kleben und fließen, einer
hat seine Beleuchtung mit akustischen Sensoren so
eingestellt, dass sie im Rhythmus der Musik zu flim-
mern beginnt. Es gibt keine Maulwurfshügel mehr
um die Bäume herum. Der Apfelbaum verliert zwei

Äste. Ich gehe herum und streue das Gerücht, dass mehrere Fernsehteams bloß eine Straße weiter wären und ob sie die etwa wieder weglassen wollten, ohne dass diese Straße gefilmt worden sei? Die stille Post wirkt, die diffuse Masse wird langsam brummend vereint, und schließlich verkündet einer über das Mikrofon an seinem DJ-Pult im Vorgarten, dass eine Straße weiter das Fernsehen sei, und dreht dafür extra die Musik runter. Wie ein Radiomoderator. Dann beginnt die Völkerwanderung, ich renne schnell vor und winke Hartmut, Frank und Pia, die bereits auf dem Dach stehen, und den Fernsehleuten von WDR, Kabel1 und RTL, dass es jetzt gleich losgehen kann, und kaum, dass die ersten hundert Leute die Straße raufstampfen, lassen Hartmut und die anderen die schwarze Folie vom Dach, sie rollt sich flappend über die ganze Front auf, sogar die Aussparung für die Haustür mit dem kaputten Wellblechdach passt sich perfekt an. Das Haus steht im Dunkeln, ist nur noch ein schwarzer Klotz, ein Borgwürfel, Kirsten kommt schreiend aus dem Haus gelaufen, da sich eben ganz überraschend ihre Wohnung verdunkelt hat, und Hans-Dieter schlurft mit DJ aus dem Anbau. Ich bin jetzt doch wieder ein bisschen stolz auf Hartmut. Christo hätte es nicht besser ma-

chen können. Die Passanten sind baff und wissen
nicht, was sie sagen sollen, die gespenstische Stille
passt perfekt zu dem Anblick, nur die beiden Penta-
gramme auf Fensterhöhe ihrer Wohnung hätten
Frank und Pia weglassen können, aber das war wohl
ihr Preis für die Mitarbeit an dieser Verpackung.
Hartmut weiß auch nicht, wann es genug ist, und
seilt sich jetzt in seiner schwarzen Hose und Kapu-
zenpulli vom Dach ab, um direkt vor dem Mikro der
Presse zu landen und zu erklären, was es mit dem
Haus auf sich hat. Kirsten hat derweil ihre Kollegen
angerufen und verkündet zeternd, dass sie bald ein-
treffen werden. Ich sage ihr, dass sie dann erst mal
durchfahren können, um illegale Lichterketten in
der Straße mit den Bergbauhäusern zu beschlagnah-
men. Hartmut sagt, dass er mit der Verdunkelung
nicht eher aufhören werde, ehe der Lichterwahnsinn
der Nachbarsbevölkerung verschwinde, und wenn er
das ganze Haus in den Pforten des Nichts wie in einem schwarzen Loch verschwinden lassen müsse, er
fände einen Weg. Die wenigen Leute, die sein Inter-
view verstehen, buhen und blöken, nach und nach
buhen die anderen mit, weil sie merken, wie hier die
Fronten stehen. Glühwein tropft ihnen auf die Finger, sie haben Mandelzucker in den Mundwinkeln.

Abschließend steigt Hartmut auf das kleine Treppchen zu unserer Haustür, steht jetzt in der einzig ausgesparten Lücke der schwarzen Verpackung und liest einige Verse aus dem Alten Testament. Die Umstehenden verstehen ihn nicht, ich höre, wie einer fragt: „Watt labert der da?"

„Irgendwas aus Herr der Ringe!", antwortet ein anderer und dreht sich mit seinem Glühwein ab. In dem Moment kommen Kirstens Kollegen mit Blaulicht um die Ecke, das den Farbspielen des Viertels eine glitzernde Pointe hinzufügt. Hartmut geht auf sie zu, bevor Kirsten das tun kann, erklärt ihnen den Sinn seiner Kunstaktion, flüstert ihnen zu, dass er das Hauskondom natürlich wieder abnimmt und nur so tut, als ob, und fragt sie in unausweichlicher Rhetorik, ob ein Stück Kunst denn wirklich so gefährlich sei wie das Verwenden von illegaler Beleuchtungsware mit ungenügender Isolierung, die immer noch in diesem Viertel verkauft und installiert wird. Ein unmöglicher Zustand, wie schließlich auch die Beamten befinden müssen, die eine Chance wittern, ein ganzes Viertel auszuheben. Die quäkende Kirsten nehmen sie einfach mit. „Komm, Kiki", sagen sie, „wenn das stimmt, was dein Nachbar sagt, können wir hier beim Chef einen guten Eindruck machen.

Der braucht eh wieder einen besseren Draht zum Ordnungsamt. Die räumen dann mal hier auf." Als die Leute verstehen, was die Polizei vorhat, rennen plötzlich viele in ihre Straße zurück, aufgescheucht und scheinkonzentriert wie Flüchtende bei Demos. Ich sehe sie ihre billigen chinesischen Brandgefahrketten aus dem Efeu reißen. Ich lache.

Die Kameraleute packen ein, murmeln, schlagen die Türen ihrer VW-Busse zu. „Gute Sache!", sagt einer von ihnen und „Jetzt könnte ich etwas essen" der andere. Die Leute von Kabel1 und RTL fahren und winken. Frank und Pia kommen endlich vom Dach und schmusen. Wir gehen mit den Leuten vom WDR gegenüber in die Pommesbude. Wir essen Currywürste, Hackbraten, Fritten. Im Fernsehen läuft Helmut Lottis Weihnachtstraum. Das Gasthaus selbst aber ist nicht beschmückt. Die Männer hinter dem Tresen zeigen heute mehr denn je ihre Tätowierungen aus dem Gefangenenlager. Der Fernseher ist Konzession. Für mehr haben sie zu viel erlebt, als dass es bei ihnen noch groß leuchten würde. Ihr Hackbraten ist großartig. Der junge Mann vom WDR sagt: „Spätestens am nächsten Advent bringen wir das in der Lokalzeit." Er kaut. Ich bestelle Bier für uns alle.

Die schönsten Weihnachtsmärkte der Welt

(FOLGE 13):

DER WIKINGER-WEIHNACHTSMARKT VON ROSTOCK

Horst Evers

Im Laufe der letzten zehn Jahre habe ich grob geschätzt circa achtzig Weihnachtsmärkte im gesamten deutschsprachigen Raum besucht. Es gibt wohl, wenn überhaupt, nur wenige Menschen, die so viele verschiedene Weihnachtsmärkte besichtigen konnten und noch in der Lage und vor allen Dingen auch willens sind, über das Erlebte Zeugnis abzulegen. Tatsächlich konnte ich mittlerweile feststellen, dass Weihnachtsmärkte generell eine relativ ähnliche innere Ordnung haben. Die Kenntnis dieses grundsätzlichen strukturellen Aufbaus der Weihnachtsmärkte ermöglicht es mir, mich selbst auf den größten und unübersichtlichsten Weihnachtsmärkten sehr schnell und sicher zurechtzufinden. Das ist eine schöne Fähigkeit und ein wirklich nicht zu unterschätzender

Vorteil. Selbst auf dem weltweit wohl größten und berühmtesten Weihnachtsmarkt, dem Christkindlesmarkt in Nürnberg, erkenne ich praktisch auf den ersten Blick die genaue Position und auch den schnellsten Weg zu den Toiletten. Das ist eine sehr wichtige, bedeutsame Information. Wie bedeutsam, wird in vollem Umfang spätestens nach Einbruch der Dunkelheit klar, wo man sich immer wieder wünscht, alle Besucher des Christkindlesmarktes hätten auf einen Blick oder zumindest doch ausreichend schnell erkannt, wo hier die Toiletten sind.

Schon dieses kleine Beispiel lässt erahnen: Auch bei Weihnachtsmärkten gilt, wie wohl bei allem im Leben: Wo viel Licht ist, da ist auch Schatten. Und leider irrt Bertolt Brecht eben doch, wenn er behauptet, die im Dunkeln sähe man nicht. Auf Weihnachtsmärkten oder am Rande der Weihnachtsmärkte sieht man sie sehr wohl, und nicht immer ist es ein Anblick, der das Leben oder auch nur den Abend wirklich bereichert. Doch möchte ich lieber von der leuchtenden Pracht der Weihnachtsmärkte berichten. Dem Besonderen, denn jeder Weihnachtsmarkt hat auch seine ganz eigene, exklusive Note, häufig sogar eine Spezialität, für die er in der ganzen Welt berühmt ist: In Nürnberg gibt es die Lebkuchen, in Dresden den Stollen, in Chemnitz die Schnitzereien, in Aachen die Printen und in Spandau auf die Fresse. Aber auch die kleineren Weihnachtsmärkte haben durchaus ihre Spezialitäten …

Ich weiß nicht, ob Rostock noch einen zweiten, größeren Weihnachtsmarkt hat. Wahrscheinlich, denn der Wikinger-Weihnachtsmarkt ist wirklich klein. Sieben Buden, von denen drei geöffnet haben. Dazu noch ein echter Wikinger, der eine Art Wikinger-Event-Areal betreibt. Insgesamt soll der Markt, der direkt vor einem dieser Kaufhausklötze mit circa hastenichgesehnpaarhundertwennnichmehr Geschäften auf ungefähr jibtsjajarnichzigsteliarden Quadratmetern Verkaufsfläche stattfindet, eine traditionelle Wikinger-Weihnacht darstellen.

Nun gut, bedenkt man, dass Weihnachten ja eigentlich das Fest zur Geburt Jesu Christi ist, und berücksichtigt ferner, wann ungefähr die Wikinger so geherrscht und an welche Götter sie letztlich geglaubt haben, ist die Vorstellung, es gäbe so etwas wie eine traditionelle Wikinger-Weihnacht, alles in allem – überraschend. Aber egal.

Der Wikinger, der sich zusätzlich auch noch ein bisschen als Weihnachtsmann verkleidet hat, fragt mich, ob ich eine Wikinger-Urkunde erlangen wolle. Diese werde mich, so ich die Prüfungen bestehe, als echten Wikinger ausweisen und mir zudem einen Ermäßigungscoupon für eine Begleitperson beim Besuch des neuen Wickie-Films bescheren. Der Coupon gelte allerdings nicht für die Kinokarte, sondern nur für ein Wickie-Menü, bestehend aus einem Erfrischungsgetränk, Wikinger-Nachos sowie einem kleinen Geschenk, das ich – wörtliches Zitat! – „frei auswählen kann, sofern vorhanden".

Denke: Na, wer da nicht mitmacht, dem kannste aber mit nix mehr 'ne Freude machen. Der kann sich den Baum für seinen Sarg schon mal pflanzen.

Die Prüfung besteht aus drei echten Wikinger-Aufgaben. Die erste ist Dosenwerfen. Guck, schon wieder so eine Sache, die ich nicht über die Wikinger wusste. Wer hätte gedacht, dass die gern auf Dosen geworfen haben. Tatsächlich, muss ich zu meiner Schande gestehen, wäre ich mir nicht einmal sicher gewesen, ob die damals überhaupt schon Dosen hatten. Immerhin sind die Dosen mit Elchgesichtern bemalt. Vielleicht ein Kompromiss. Wahrscheinlich haben die Wikinger damals auf zu Pyramiden gestapelte Elche geworfen.

Mit meinem dicken Wintermantel bin ich leider ziemlich gehandicapt. Der erste Wurf geht komplett an den Elchen vorbei. Peinlich. Der Wikinger guckt mich müde an, sagt: „Bestanden."

Weise darauf hin, dass ich noch zwei Bälle habe.

Er schüttelt den Kopf. „Ist egal, Sie haben bestanden!"

Die zweite Aufgabe sind Wissensfragen über die Wikinger, im Multiple-Choice-Verfahren. Für die erste Frage „Wie heißt der Herkunftsort der Wikinger?" gibt es als Antwortmöglichkeiten: a) Skandinavien, b) Afrika und c) Wyk auf Föhr. Weil ich aus einem tragischen Zwang heraus noch origineller sein möchte, antworte ich: „Reinickendorf. Die Lösung ist Reinickendorf." Er sagt: „Richtig", und wir gehen über zu Frage zwei: „Was ist das Getränk der Wikinger?" Meine Vermutung „Bubble Tea" wird zu meiner großen Überraschung genauso als richtig bewertet wie mein Lösungsvorschlag für die letzte Frage: „Wie hießen die Schiffe der Wikinger?" – „Marianne und Michael." Offensichtlich weiß ich doch mehr über die Wikinger, als ich selbst angenommen habe.

Jetzt fehlt nur noch eine Aufgabe, und schon erhalte ich meine Abschlussurkunde als echter Wikinger. Das wäre mein größter Ausbildungserfolg seit dem Taxischein, also seit über zwanzig Jahren. Ich bin entsprechend motiviert.

Ich muss in einem Parcours circa anderthalb Meter hohe Wackelfiguren abwechselnd mit einem Holzschwert umhauen und mit einem fröhlichen Wikinger-Helm umstoßen, den ich auf den Kopf bekomme. Alles in einem lustigen, dicken, schweren Wikinger-Fell, das man mir zusätzlich übergeworfen hat. Nicht einfach, zumal der Weg vereist ist. Fast so, als wäre absichtlich Wasser drübergeschüttet worden. Gehe vorsichtig zu den Figuren, stupse ein bisschen mit dem Holzschwert dagegen und will mir dann die Urkunde abholen. Der Mann sagt: „Durchgefallen. Zu langsam."

Ich verstehe nicht direkt. „Wie? Heißt das, ich kriege jetzt keine Urkunde?"

„Nee, Sie waren zu langsam. Wollen Sie noch mal?" Denke, ich werde hier nicht ohne Wikinger-Urkunde weggehen. Im zweiten Versuch rutsche ich zwar drei-, viermal aus, bin aber ansonsten wirklich zügig unterwegs. Der Mann schüttelt den Kopf: „Durchgefallen. Die Figuren müssen wenigstens dreißig Grad gekippt sein."

Ich trete noch mal an. Mittlerweile sammelt sich erstes Publikum. Beim dritten Versuch falle ich durch, weil ich beim Schlagen „Hejo!" hätte rufen müssen, beim vierten, weil ich öfter als dreimal gestürzt bin. Beim siebten oder achten Anlauf hat sich schon eine richtig große Menschenmenge um den Parcours gebildet. Sie feuern mich an. Ich schwitze wie in einer echten Wikinger-Sauna, renne und schlage sinnlos auf die Kippfiguren. Doch erst beim zwölften oder fünfzehnten Durchgang sagt der Mann plötzlich: „Bestanden! Glückwunsch!"

Alle freuen sich, klatschen und ziehen dann weiter über den Wikinger-Markt.

Während ich das Kostüm ausziehe und die Urkunde bekomme, meint mein Prüfer: „Wissen Sie, es ist echt nicht leicht, Leute zu diesem Scheiß-Wikinger-Markt zu locken. Es braucht immer jemanden, der sich für diese dritte Aufgabe qualifiziert und dann in diesem albernen Wikinger-Kostüm wie ein Idiot versucht, die Wackel-Wikinger zu treffen. Erst das lockt die Leute an. Wenn sich einer so richtig zum Lappen macht. Im Prinzip funktioniert das ähnlich wie bei ‚Deutschland sucht den Superdings', nur halt mit Wikingern und noch popliger. Aber als ich Sie gesehen habe, wusste ich gleich, Sie sind mein Mann."

Denke: Na und? Dafür habe ich jetzt eine Wikinger-Urkunde. Endlich mal eine wirklich abgeschlossene Ausbildung. Und die ist sehr viel ehrlicher erworben als mancher Doktortitel.

Karriereknick beim Krippenspiel

Mark Spörrle

Neulich kam mir im Hof Roland mit seinem sechs-
jährigen Sohn Jean-Philipp entgegen.

„Bleib stehen!", bat Roland und nestelte einen Lebkuchen aus seiner Tasche.

„Oh, danke", sagte ich und wollte zugreifen.

„Der ist nicht für dich!", rief Roland entgeistert und
reichte den Lebkuchen Jean-Philipp. Der stopfte ihn
in den Mund, drehte sich um und versuchte zu flie-
hen. Roland erwischte ihn an der Kapuze.

„Jean-Philipp!", rief Roland. „Dein Text. Bitte!"

Jean-Philipp nuschelte etwas Unverständliches in
Richtung seiner Stiefel.

„Sehr schön", lobte ich, weil das offenbar von mir
erwartet wurde, und wollte weitergehen, um Käse zu
kaufen.

„Bitte warte", bat mich Roland. „Jean-Philipp kann
das noch viel besser! Nicht wahr, Jean-Philipp?"

Jean-Philipp verdrehte die Augen, aber sein Vater
ließ die Kapuze nicht los.

„Jean-Philipp! Noch einmal den Text", kommandierte er. „Laut und deutlich! Bitte!"

„Ein Stern …", haspelte Jean-Philipp. „Ein Stern!"

„Ganz toll!", lobte ich. „Entschuldigung, aber ich muss noch schnell etwas besorgen."

Als ich zurückkam, warteten die beiden im Treppenhaus auf mich.

„Draußen wurde es uns zu kalt", erläuterte Roland. „Und Jean-Philipp will dir noch einmal den Text aufsagen. Weißt du, er braucht Publikum, um wirklich gut zu sein."

Roland reichte seinem Sohn einen neuen Lebkuchen.

„Nimm dich zusammen, Jean-Philipp", sagte er. „Und bitte!"

Jean-Philipp biss in den Lebkuchen, schluckte und kniete nieder.

„Ein Stern", deklamierte er, den Blick gequält zur Flurlampe gerichtet, „ein Stern!"

„Super!", rief ich und fügte in das erwartungsvolle Schweigen hinzu: „Wofür ist das?"

„Für das Krippenspiel in der Schule", sagte Roland. „Du hast sicher schon davon gehört, dass das eine ganz große Sache wird. Als Regisseur haben wir einen echten Profi. Und Jean-Philipps Rolle ist die wichtigste im ganzen Stück. Zu Recht, du hast ja gesehen, der Junge ist unheimlich begabt…"

„Wen spielt er?", fragte ich höflich. „Josef?"

„Nein", Roland winkte ab.

„Jesus?", fragte ich, mir den Kopf zermarternd, schnell weiter, denn der Aufzug kam und kam nicht.

„Herodes? Lukas, den Lokomotivführer?"

„Mach keine Witze", lächelte Roland. „Er spielt die Schlüsselrolle des gesamten Stücks. Den Mann, ohne den die Geschichte der Christenheit, die komplette Weltgeschichte ganz anders verlaufen wäre: den Hirten!"

„Den Hirten?", fragte ich irritiert.

„Na, den Hirten!", rief Roland. „Den Mann, der den Stern entdeckte, der über dem Stall in Bethlehem stand. Ohne diesen Hirten, ohne unseren Sohn, hätte kein Mensch auf der ganzen Welt gemerkt, dass der Heiland geboren wurde!"

Ich gab mich beeindruckt.

„Muss er viel Text lernen?", fragte ich.

„Den Text beherrscht er perfekt, du hast ihn ja gerade gehört", sagte Roland und drängte seinen Sohn und sich mit mir in den Fahrstuhl. „Wir feilen nur noch an der Präsentation. Wie jeder weiß, ist das für jeden guten Schauspieler das härteste Stück Arbeit!"

Ein paar Tage später traf ich Roland und seinen Sohn auf der Treppe. Ich wollte schnell an ihnen vorbeihuschen, aber Roland hielt mich fest.

„Möchtest du ihn hören?", fragte er und zog den Lebkuchen.

„Natürlich", sagte ich widerwillig.

Jean-Philipp biss in den Lebkuchen, kaute und kniete dann auf dem Treppenabsatz nieder. „Ein Stern!", frohlockte er. „Ein Stern!"

„Und?", fragte Roland.

„Sehr ausdrucksstark", sagte ich. „Warum isst er dabei eigentlich immer Lebkuchen?"

„Das gehört zur Rolle", sagte Roland. „Der Hirte war gerade beim Essen, als er den Stern bemerkte."

„Der Hirte hat Lebkuchen gegessen?", fragte ich.

Roland stieß einen ungeduldigen Seufzer aus.

„Vermutlich nicht. Aber Jean-Philipp mag kein Fladenbrot. Also hat der Regisseur beschlossen, Lebkuchen zu nehmen. Wir sind ihm sehr dankbar dafür und haben ihn schon dreimal zum Essen eingeladen, obwohl er ständig rülpst und sich die Finger an der Tischdecke abwischt. Nächsten Freitag kommt er zum vierten Mal zu uns."

„Obwohl er rülpst und sich die Finger an der Tischdecke abwischt?", fragte ich.

Roland sah mich ungläubig an.

„Verstehst du nicht?", fragte er. „Er ist der Regisseur! Wenn wir es schaffen, bis zur Aufführung mit ihm gut befreundet zu sein, lässt er Jean-Philipp vielleicht ein, zwei Schritte näher am Publikum spielen. Oder gibt ihm ein, zwei Worte mehr Text, um die Bedeutung seiner Rolle zu unterstreichen."

Beim nächsten Mal traf ich Roland und Sohn vor den Mülltonnen. Ich bestand darauf, dass Jean-Philipp nicht vor mir auf dem schmutzigen Pflaster niederkniete, um seine Rolle aufzusagen, sondern stehen blieb. In der Tat war seine Aussprache deutlich besser geworden. Obwohl – da war etwas.

„Warum hat er beim Sprechen einen Korken im Mund?", fragte ich.

„Ein alter Trick der Schauspieler, um noch deutlicher sprechen zu lernen", erklärte Roland. „Wir trainieren mit professionellen Sprecherziehungs-DVDs. Entschuldige, wir müssen weitermachen. Ich habe extra Urlaub genommen."

Als ich in der Woche darauf in den Fahrstuhl trat, sah ich Jean-Philipp, der schlafend an der Kabinenrückwand lehnte. Er schien deutlich dicker geworden zu sein. Als ich ihm den Korken aus dem Mund nahm, riss er ihn mir aus der Hand, biss

hinein und kniete nieder, den Blick nach oben gerichtet.

„Ein Stern!", rief er mit tönender Stimme. „Ein
Stern!"

„Super, Jean-Philippe", applaudierte ich. „Ich glaube, du brauchst nicht mehr zu üben."

„Mein Coach sieht das anders", sagte Jean-Philippe.
„Und mein Vater sagt: Erholen kann ich mich nach
dem Auftritt."

„Der Lehrer hat über eine Stunde umsonst auf ihn
gewartet", sagte Roland kopfschüttelnd, als ich den
gähnenden Jean-Philipp an seiner Tür ablieferte.
„Diese Schauspielstunden kommen uns zu teuer,
wenn er sie ständig verschläft!"

Ich fragte Roland, ob er sicher sei, dass er seinem
Sohn nicht zu viel zumute.

„Im Gegenteil", sagte Roland. „Bei seiner großen
Begabung braucht er als Lehrer einen wirklichen
Profi. Schließlich wollen wir nur das Beste für unse-
ren Sohn."

„Bist du sicher?", fragte ich. „Ist all das wirklich
nötig?"

„Ich verstehe nicht", sagte Roland. „Meinst du, wir
wollen, dass ihn einer der anderen Schüler überholt?
Die besseren Noten schreibt? Das bessere Abitur

macht? Den besseren Studienabschluss? Den besseren Doktor? Und ihm den besseren Job weg-schnappt?"

„Aber Roland, es geht doch nur um zwei Sätze in einem Krippenspiel!", sagte ich.

Roland schnappte nach Luft.

„Na und?", rief er. „Die Eltern von Luis proben seit den vorletzten Ferien mit ihrem Sohn. Die Mutter von Lisa arbeitet jetzt Teilzeit, um mit ihr trainieren zu können, obwohl Lisa nur die Maria spielt und kein einziges Wort sagen muss. Und Torbens Eltern haben für ihren Sohn einen Wochenendkurs in einem Actor's Studio in Los Angeles gebucht – er hat als Josef immerhin drei Sätze."

„Das ist doch alles Wahnsinn", sagte ich.

„Nein", korrigierte Roland. „Wahnsinn ist das, was Alains Eltern tun. Alain spielt einen der Heiligen Drei Könige, aber seine Eltern hätten gerne eine So-lorolle für ihn."

„Und?", fragte ich.

„Sie wollen, dass es nur einen König gibt, nämlich ihn!", erläuterte Roland ungeduldig. „Erst haben sie den Regisseur zu einem Urlaub nach Mallorca einge-laden. Der ist zwar auch hingeflogen, aber dachte nicht daran, Alain eine Solorolle ins Stück zu schreiben – angeblich weil die Heilige Schrift das nicht vorsieht. Also versucht Alains Mutter, die für das Catering zuständig ist, Jan und Toralf, die die zwei anderen Könige spielen, bei den Proben mit hämischen Bemerkungen zu verunsichern. Und sein Vater hat den beiden viel Geld geboten, wenn sie bei der Aufführung krank sind."

Ich versuchte, mich in Richtung meiner Wohnung zu bewegen, aber Roland hielt mich auf.

„In dem Zusammenhang wollte ich dich noch um Rat fragen", sagte er. „Wie du vielleicht weißt, kommt in dem Stück noch ein Engel vor, der mit den Hirten spricht. Der wird gespielt von einem gewissen Julian, aber so laienhaft, dass wir fürchten, er könnte Jean-Philipp negativ beeinflussen, wenn du verstehst, was ich meine …"

„Ich verstehe", sagte ich und schob ihn zur Seite. „Warum entführt ihr Julian nicht einfach vor der Aufführung?"

„Darüber haben wir auch schon nachgedacht", sagte Roland hinter mir herlaufend. „Aber Entführungen kommen bei Schulkrippenspielen in letzter Zeit immer wieder vor, und der Verdacht würde sofort auf uns fallen. Also, wenn du noch eine andere Idee hast … Warte doch! Bleib stehen! …"

Meine Liebste und ich gingen auch zum Krippenspiel, Roland hatte uns keine Wahl gelassen.

Der Saal war gestopft voll mit Eltern und weiteren
Angehörigen. Alle starrten zur Bühne und bewegten
die Lippen im stummen Gebet.

Das Stück war nicht schlecht. Bis Jean-Philipp auf
die Bühne trat, sich am prasselnden Lagerfeuer nie-
derließ, den Lebkuchen aus der Hirtentasche zog,
hineinbiss, kaute, schluckte. Den Blick voll Entzü-
cken nach oben richtete, den Mund öffnete und –
sich hustend und würgend am Boden wand.

Roland kniete neben uns vor seinem Stuhl; er rief
unablässig den Text seines Sohnes.

Als ich schließlich auf die Bühne sprang und Jean-
Philipp auf den Rücken schlug, bis er wieder atmete,
sprach längst der Engel.

Roland sagt, ich habe die Karriere seines einzigen
Sohnes zerstört.

Weisheit auf Eseln

Fred Endrikat

Ein Weiser ritt vom Morgenland
auf seinem Esel durch den Sand.
Der Weise dachte, lacht' und ritt,
der Esel stapfte Schritt für Schritt.
Auf gleichem Wege kreuz und quer
kam noch ein weiser Mann daher,
der dachte auch und lacht' und ritt,
sein Esel stapfte Schritt für Schritt.
Die weisen Männer grüßten sich
mit „Salem" und „Gott grüße dich".
Sie waren nämlich ganz extrem
aus Mekka und aus Bethlehem.
Auch beide Esel grüßten sich
auf ihre Art, ganz einheitlich.
Nach kurzer Zeit ein weiser Mann
mit Vorsicht ein Gespräch begann.
Er wählt als Thema das Problem:
ob Mekka oder Bethlehem.
Der andre Weise lauscht' und ritt,
die Esel stapften Schritt für Schritt.

So geht es eine Weile fort,
da nimmt der andre Mann das Wort,
behauptet, dass das Seelenheil
allein nur ruht im Gegenteil,
denn überdies und außerdem
nur Mekka – niemals Bethlehem.
Jetzt rief der weise Widerpart:
Man schwört beim Kreuz und nicht beim Bart.
Ob das Gott wohlgefällig sei,
von wegen der Vielweiberei.
Höchst sündig – wenn auch angenehm –
sei Mekka anstatt Bethlehem.
Man diskutierte, stritt und stritt.
Die Esel dachten Schritt für Schritt:
Für uns ist beides unbequem,
ob Mekka oder Bethlehem.
Der Abend kam und dann die Nacht.
Wenn sich die zwei nicht umgebracht,
schwört jeder noch auf sein System,
teils Mekka und teils Bethlehem.

Das haben alle Weisen eigen:
Sie lassen sich nicht überzeugen.
Wenn sich zwei weise Männer streiten,
die sollten nie auf Eseln reiten,
auch nicht beim Streit ums Seelenheil,
denn Esel denken sich ihr Teil.
Ob Mekka oder Bethlehem –
für Esel ist dies kein Problem.

Der allererste Weihnachtsbaum

Hermann Löns

Der Weihnachtsmann ging durch den Wald. Er war ärgerlich. Sein weißer Spitz, der sonst immer lustig bellend vor ihm herlief, merkte das und schlich hinter seinem Herrn mit eingezogener Rute her.

Er hatte nämlich nicht mehr die rechte Freude an seiner Tätigkeit. Es war alle Jahre dasselbe. Es war kein Schwung in der Sache. Spielzeug und Esswaren, das war auf die Dauer nichts. Die Kinder freuten sich wohl darüber, aber quieken sollten sie und jubeln und singen, so wollte er es, das taten sie aber nur selten.

Den ganzen Dezembermonat hatte der Weihnachtsmann schon darüber nachgegrübelt, was er wohl Neues erfinden könne, um einmal wieder eine rechte Weihnachtsfreude in die Kinderwelt zu bringen, eine Weihnachtsfreude, an der auch die Großen teilnehmen würden. Kostbarkeiten durften es auch nicht sein, denn er hatte soundso viel auszugeben und mehr nicht.

So stapfte er denn auch durch den verschneiten Wald, bis er auf dem Kreuzweg war. Dort wollte er das Christkindchen treffen. Mit dem beriet er sich nämlich immer über die Verteilung der Gaben.

Schon von Weitem sah er, dass das Christkindchen da war, denn ein heller Schein war dort. Das Christkindchen hatte ein langes weißes Pelzkleidchen an und lachte über das ganze Gesicht. Denn um es herum lagen große Bündel Kleeheu und Bohnenstiegen und Espen- und Weidenzweige, und daran taten sich die hungrigen Hirsche und Rehe und Hasen gütlich. Sogar für die Sauen gab es etwas: Kastanien, Eicheln und Rüben.

Der Weihnachtsmann nahm seinen Wolkenschieber ab und grüßte das Christkind. „Na, Alterchen, wie geht's?", fragte das Christkind. „Hast wohl schlechte Laune?" Damit hakte es den Alten unter und ging mit ihm. Hinter ihnen trabte der kleine Spitz, aber er sah gar nicht mehr betrübt aus und hielt seinen Schwanz kühn in die Luft.

„Ja", sagte der Weihnachtsmann, „die ganze Sache macht mir so recht keinen Spaß mehr. Liegt es am Alter oder an sonst was, ich weiß nicht. Das mit den Pfefferkuchen und den Äpfeln und Nüssen, das ist nichts mehr. Das essen sie auf, und dann ist das Fest vorbei. Man müsste etwas Neues erfinden, etwas, das nicht zum Essen und nicht zum Spielen ist, aber wobei Alt und Jung singt und lacht und fröhlich wird."

Das Christkindchen nickte und machte ein nachdenkliches Gesicht, dann sagte es: „Da hast du recht, Alter, mir ist das auch schon aufgefallen. Ich habe daran auch schon gedacht, aber das ist nicht so leicht."

„Das ist es ja gerade", knurrte der Weihnachtsmann, „ich bin zu alt und zu dumm dazu. Ich habe schon richtiges Kopfweh vom vielen Nachdenken und es fällt mir doch nichts Vernünftiges ein. Wenn es so weitergeht, schläft allmählich die ganze Sache ein und es wird ein Fest wie alle anderen, von dem die Menschen dann weiter nichts haben als Faulenzen, Essen und Trinken."

Nachdenklich gingen beide durch den weißen Winterwald, der Weihnachtsmann mit brummigem, das Christkindchen mit nachdenklichem Gesicht. Es war so still im Wald, kein Zweig rührte sich, nur wenn die Eule sich auf einen Ast setzte, fiel ein Stück Schneebehang mit halblautem Ton herab. So kamen die beiden, den Spitz hinter sich, aus dem hohen Holz auf einen alten Kahlschlag, auf dem große und kleine Tannen standen. Das sah wunderschön aus. Der

Mond schien hell und klar, alle Sterne leuchteten, der Schnee sah aus wie Silber und die Tannen standen darin, schwarz und weiß, dass es eine Pracht war. Eine fünf Fuß hohe Tanne, die allein im Vordergrund stand, sah besonders reizend aus. Sie war regelmäßig gewachsen, hatte auf jedem Zweig einen Schneestreifen, an den Zweigspitzen kleine Eiszapfen und glitzerte und flimmerte nur so im Mondschein.

Das Christkindchen ließ den Arm des Weihnachtsmannes los, stieß den Alten an, zeigte auf die Tanne und sagte: „Ist das nicht wunderhübsch?"

„Ja", sagte der Alte, „aber was hilft mir das?"

„Gib ein paar Äpfel her", sagte das Christkindchen, „ich habe einen Gedanken."

Der Weihnachtsmann machte ein dummes Gesicht, denn er konnte es sich nicht wirklich vorstellen, dass das Christkind bei der Kälte Appetit auf die eiskalten Äpfel hatte. Er hatte zwar noch einen guten alten Schnaps, aber den mochte er dem Christkindchen nicht anbieten. Er nahm die riesige Kiepe von seinen Schultern und stellte sie in den Schnee, kramte darin herum und holte ein paar schöne Äpfel heraus. Dann fasste er in die Tasche, holte sein Messer heraus, wetzte es an einem Buchenstamm und reichte es dem Christkindchen.

„Sieh, wie schlau du bist", sagte das Christkindchen. „Nun schneid mal etwas Bindfaden in zwei Finger lange Stücke und mach mir kleine Pflöckchen."

Dem Alten kam das alles etwas ulkig vor, aber er sagte nichts und tat, was das Christkind ihm sagte. Als er die Bindfadenenden und die Pflöckchen fertig hatte, nahm das Christkind einen Apfel, steckte ein Pflöckchen hinein, band den Faden daran und hängte alles an einen Ast.

„So", sagte es dann, „nun müssen auch an die anderen welche und dabei kannst du helfen, aber vorsichtig, dass kein Schnee abfällt!"

Der Alte half, obwohl er nicht wusste, warum. Aber es machte ihm schließlich Spaß, und als die ganze kleine Tanne voll von rotbäckigen Äpfeln hing, da trat er fünf Schritte zurück, lachte und sagte: „Kiek, wie niedlich das aussieht! Aber was hat das alles für'n Zweck?"

„Braucht denn alles gleich einen Zweck?", lachte das Christkind. „Pass auf, das wird noch schöner. Nun gib mal Nüsse her!"

Der Alte krabbelte aus seiner Kiepe Walnüsse heraus und gab sie dem Christkindchen. Das steckte in jedes ein Hölzchen, machte einen Faden daran, rieb die eine Nuss an der goldenen Oberseite seiner Flügel, dann war die Nuss golden, und die nächste an der silbernen Unterseite seiner Flügel, dann hatte es eine silberne Nuss, und hängte sie zwischen die Äpfel.

„Was sagst nun, Alterchen?", fragte es dann. „Ist das nicht allerliebst?"

„Ja", sagte der, „aber ich weiß immer noch nicht…"

„Komm schon!", lachte das Christkindchen. „Hast du Lichter?"

„Lichter nicht", meinte der Weihnachtsmann, „aber 'nen Wachsstock!"

„Das ist fein", sagte das Christkind, nahm den Wachsstock, zerschnitt ihn und drehte erst ein Stück um den Mitteltrieb des Bäumchens und die anderen Stücke um die Zweigenden, bog sie hübsch gerade und sagte dann: „Feuerzeug hast du doch?"

„Gewiss", sagte der Alte, holte Stein, Stahl und Schwammdose heraus, pinkte Feuer aus dem Stein, ließ den Zunder in der Schwammdose zum Glimmen kommen und steckte daran ein paar Schwefelspäne an. Die gab er dem Christkindchen. Das nahm einen hell brennenden Schwefelspan und steckte damit erst das oberste Licht an, dann das nächste davon rechts, dann das gegenüberliegende. Und rund um das Bäumchen gehend, brachte es so ein Licht nach dem andern zum Brennen.

Da stand nun das Bäumchen im Schnee; aus seinem halb verschneiten, dunklen Gezweig schauten die roten Backen der Äpfel, die Gold- und Silbernüsse blitzten und funkelten und die gelben Wachskerzen brannten feierlich. Das Christkindchen lachte über das ganze rosige Gesicht und klatschte in die Hände, der alte Weihnachtsmann sah gar nicht mehr so brummig aus und der kleine Spitz sprang hin und her und bellte.

Als die Lichter ein wenig heruntergebrannt waren, flatterte das Christkindchen mit seinen gold-silbernen Flügeln und da gingen die Lichter aus. Es sagte dem Weihnachtsmann, er solle das Bäumchen vorsichtig absägen. Das tat der und dann gingen beide den Berg hinab und nahmen das bunte Bäumchen mit.

Als sie in den Ort kamen, schlief schon alles. Beim kleinsten Hause machten die beiden halt. Das Christkindchen machte leise die Tür auf und trat ein; der Weihnachtsmann ging hinterher. In der Stube stand ein dreibeiniger Schemel mit einer durchlochten Platte. Den stellten sie auf den Tisch und steckten den Baum hinein. Der Weihnachtsmann legte dann noch allerlei schöne Dinge, Spielzeug, Kuchen, Äpfel und Nüsse unter den Baum und dann verließen beide das Haus so leise, wie sie es betreten hatten.

Als der Mann, dem das Häuschen gehörte, am andern Morgen erwachte und den bunten Baum sah, da staunte er und wusste nicht, was er dazu sagen sollte. Als er aber an dem Türpfosten, den des Christkinds Flügel gestreift hatte, Gold- und Silberflimmer hängen sah, da wusste er Bescheid. Er steckte die Lichter an dem Bäumchen an und weckte Frau und Kinder. Das war eine Freude in dem kleinen Haus wie an keinem Weihnachtstag. Keines von den Kindern sah nach dem Spielzeug, nach dem Kuchen und den Äpfeln, sie sahen nur alle nach dem Lichterbaum. Sie fassten sich an den Händen, tanzten um den Baum und sangen alle Weihnachtslieder, die sie kannten, und selbst das Kleinste, das noch auf dem Arm getragen wurde, krähte, was es krähen konnte.

Als es helllichter Tag geworden war, da kamen die Freunde und Verwandten des Bergmanns, sahen sich das Bäumchen an, freuten sich darüber und gingen gleich in den Wald, um sich für ihre Kinder auch ein Weihnachtsbäumchen zu holen. Die anderen Leute, die das sahen, machten es nach, jeder holte sich einen Tannenbaum und putzte ihn an, der eine so, der andere so, aber Lichter, Äpfel und Nüsse hängten sie alle daran.

Als es dann Abend wurde, brannte im ganzen Dorf Haus bei Haus ein Weihnachtsbaum, überall hörte man Weihnachtslieder und das Jubeln und Lachen der Kinder.

Von da aus ist der Weihnachtsbaum über ganz Deutschland gewandert und von da über die ganze Erde. Weil aber der erste Weihnachtsbaum am Morgen brannte, so wird in manchen Gegenden den Kindern morgens beschert.

Der patentierte Tannenbaum

Julius Stinde

Er war von Amerika gekommen, sorgsam in einer Kiste verpackt. Die einzelnen Teile waren nummeriert, damit man sie zusammenstellen konnte, wie es sich gehört, und wenn alles ineinandergeschoben war, dann stand der patentierte Tannenbaum fix und fertig da. Der Stamm sah beinah ebenso aus wie ein wirklicher Tannenstamm, nur war er glänzender als dieser, weil er einen wundervollen patentierten Lacküberzug trug, seine Zweige saßen in viel regelmäßigerer Anordnung daran, als sie ein armer Waldbaum aufzuweisen vermag, und krümmten sich so elegant und so gleichmäßig, als hätten sie alle ein und denselben Anstandsunterricht genossen. Und wie herrlich grün waren die Zweige! Statt der Nadeln bekleidete sie feine weiche Chenille, die der Färber mit seinem besten Grün gefärbt hatte. So grün war kein Baum auf der ganzen Welt. An jedem der Drahtzweige saß ein Kerzenhalter und kleine

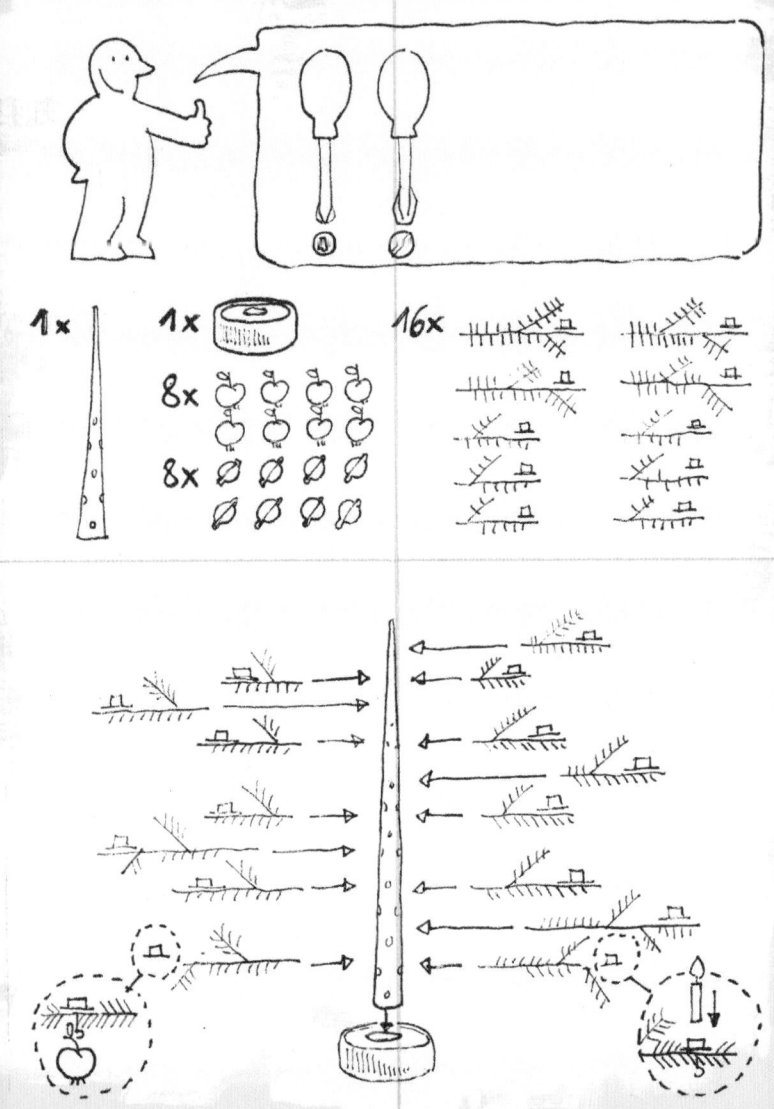

Häkchen waren daran zum Befestigen des Konfektes und der silbernen Äpfel und goldenen Nüsse. Auch die Nüsse und Äpfel waren nach einem patentierten Verfahren aus Metall angefertigt. Sie ließen sich freilich nicht essen, aber dafür konnten sie stets wieder gebraucht werden, wenn Weihnachten kam. Und nun erst der Untersatz, auf dem der Baum stand! Der war aus Gusseisen, fein vernickelt, und hatte eine Inschrift, die jedem, der lesen konnte, verkündete, dass der Baum patentiert sei. Der Untersatz barg außerdem noch ein Geheimnis, das erst am Heiligen Abend offenbart werden sollte, und auch dieses war patentiert. Es gab keinen patentierteren Tannenbaum als das Kunstwerk aus Amerika.

Nun kam der Weihnachtsabend, und während die Kinder sehnsüchtig des Augenblicks harrten, in dem die Türen zum Bescherungszimmer geöffnet wurden, bauten die Eltern da drinnen auf. Die Liebe hatte die einzelnen Gaben gewählt und wiederum war es die Liebe, welche half, die Geschenke auszubreiten, dass sie sich dem Empfänger anmutig darböten und er zuerst fände, worauf sein Wunsch am lebhaftesten gerichtet war. Manches wurde versteckt hingelegt, damit es erst später entdeckt werde und eine neue Überraschung bereite, nachdem die erste Freude sich ein wenig gelegt. Und zwischen all den Gaben stand der patentierte Tannenbaum.

Die Eltern ließen noch einmal prüfend die Blicke in stiller Vorfreude über die Herrlichkeiten gleiten, welche Kinderherzen froher schlagen machen sollten als sonst an einem Tage im Jahre.

„Ich vermisse nichts", sagte die Mutter, „aber doch ist mir, als fehle etwas. Nur kann ich nicht finden, was es sein möchte."

„Es fehlt der Weihnachtsglanz", erwiderte der Vater. „Lass uns die Kerzen anzünden, ihr Licht gibt erst dem Ganzen die Vollendung." Als die Lichter an dem Patentbaum brannten, wurden die Türen weit geöffnet, und wie von dem hellen Schimmer geblendet, standen die Kinder an der Schwelle. Dann aber, als sie zu den Gaben geleitet wurden, jedes an seinen Platz, jubelten sie auf. Nun war sie da, die Wonne seligen Gebens und beglückenden Empfangens.

„Habt ihr euch den Tannenbaum schon genau angesehen?", fragte der Vater nach etlicher Weile. „Ist das ein wirklicher Tannenbaum?", entgegnete einer der Knaben. „Nein, aber er ist viel schöner. Und nun gebt acht, wie wunderbar er ist." Bei diesen Worten drückte der Vater auf einen kleinen Knopf, der an dem nickelplattierten Fuß des Kunstbaumes angebracht war, und der Baum fing an, sich langsam zu drehen. Dazu spielte eine Musikdose einen lustigen Tanz. Das war das Geheimnis des patentierten Tannenbaumes. Einen Weihnachtsbaum, der sich dreht und obendrein selbst Musik dazu macht, hatten die Kinder noch nie gesehen. „Gefällt er euch?", fragte der Vater und zog das Uhrwerk von Neuem auf. Die Kinder schwiegen. „Hat dieser Baum sich im Walde auch die Geschichten mit dem Hasen erzählt, wie es in einem Märchenbuche steht?", begann einer der Knaben. Der Vater lächelte. „Nein", antwortete er, „dieser Baum ist kein Märchenbaum, den hat ein kluger Mann in Amerika gemacht."

„Er riecht nicht nach Weihnachten", sagte die Schwester. „Nun weiß ich, was ich vermisste", flüsterte die Frau ihrem Gatten zu. „Der Baum atmet nicht den würzigen Hauch aus wie die Tanne unserer Wälder. Ihm fehlt der Duft."

Ob der patentierte Baum merkte, dass man tadelnd über ihn sprach, das ist schwer zu sagen, aber gerade in diesem Augenblick knackte es in seinem Uhrwerke, und während er ein neues, viel lustigeres Stück zu spielen begann, drehte er sich noch rascher als vorher. Man hätte glauben können, er wollte zeigen, was er konnte. Aber das schien nur so, denn das neue

Stück und die raschere Bewegung waren auch patentiert.

Mittlerweile hatte die Mutter sich entfernt, und als sie nach einiger Zeit zurückkehrte, brachte sie ein kleines Tannenbäumchen mit, das letzte, welches der Mann draußen auf der Straße den Vorübergehenden zum Kauf anbot, das aber niemand haben wollte, weil es zu elend und erbärmlich war. Dann nahm sie Konfekt von dem patentierten Baum und schmückte den neu angekommenen damit, auch Netze und Goldpapier hängte sie daran und befestigte Wachslichter an seinen Zweigen. Ein Tischchen, mit einem weißen Tuch bedeckt, wurde für ihn hingestellt, und als er darauf stand und seine Kerzen brannten, scharten sich die Kinder um ihn. „Dies ist Weihnachten", sagten sie. Als nun eins der Lichter sich neigte und die grünen Nadeln des Nachbarzweigs sengte, dass sie zischten, musste es ausgeblasen werden. Ein leichter Rauchstreifen erhob sich von dem glimmenden Docht. „Jetzt ist es ebenso Weihnachten wie sonst", hieß es.

Der patentierte Tannenbaum stand still, da er nicht wieder aufgezogen war, aber der kleine Waldtannenbaum durchduftete das ganze Zimmer mit seinem frischen harzigen Geruch. Die schiefe Wachskerze hatte ihm dabei zu helfen versucht, so gut es in ihren Kräften stand.

Wenn Besuch während der Festtage kam, wurde der patentierte Baum gezeigt und musste seine Kunststücke machen. Man fand ihn allgemein ganz außerordentlich, aber weil der Weihnachtsabend vorüber war, merkte man nicht, dass ihm das Beste fehlte – die Kraft, Erinnerungen zu wecken, die Erinnerung an frühere Weihnachtsabende und an den grünen Wald, der nur unter dem Schneedach schlummert und der Auferstehung im Frühling wartet.

Später wurde der patentierte Tannenbaum wieder auseinandergenommen, in seine Kiste gepackt und auf den Boden gestellt, jedes nummerierte Stück des Stammes, jeder nummerierte Zweig sorgsam in Seidenpapier eingewickelt. Ich bezweifle aber, dass er in diesem Jahre heruntergeholt und wieder zusammengesetzt wird, denn ich habe erfahren, es sei ein großer, schöner Tannenbaum bestellt, der fast bis an die Decke reicht, und auch Nüsse mit wirklichen Kernen und Äpfel, die man essen kann, werden am Abend, wenn die Kinder schlafen gegangen, emsig vergoldet und versilbert.

Das sind schlechte Aussichten für den patentierten Tannenbaum.

Nussknacker

Hoffmann von Fallersleben

Nussknacker, du machst ein grimmig Gesicht –
ich aber, ich fürchte vor dir mich nicht;
ich weiß, du meinst es gut mit mir,
drum bring ich meine Nüsse dir.

Ich weiß, du bist ein Meister im Knacken:
Du kannst mit deinen dicken Backen
gar hübsch die harten Nüsse packen
und weißt sie vortrefflich aufzuknacken.

Nussknacker, drum bitt ich, bitt ich dich,
hast bessere Zähn als ich, Zähn als ich,
o knacke nur, knacke nur immerzu!
Ich will dir zu Ehren die Kerne verzehren.

O knacke nur, knack, knack, knack! Immerzu!
Ei, welch ein braver Kerl bist du!

Die regelrechte Weihnachtsgeschichte

Erich Kästner

Diesmal wird es eine regelrechte Weihnachtsgeschichte. Eigentlich wollte ich sie schon vor zwei Jahren schreiben: und dann, ganz bestimmt, im vorigen Jahr. Aber wie das so ist, es kam immer etwas dazwischen. Bis meine Mutter neulich sagte: „Wenn du sie heuer nicht schreibst, kriegst du nichts zu Weihnachten!"

Damit war alles entschieden. Ich packte schleunigst meinen Koffer, legte den Tennisschläger, den Badeanzug, den grünen Bleistift und furchtbar viel Schreibpapier hinein und fragte, als wir schwitzend und abgehetzt in der Bahnhofshalle standen: „Und wohin nun?" Denn es ist begreiflicherweise sehr schwierig, mitten im heißesten Hochsommer eine Weihnachtsgeschichte zu verfassen. Man kann sich doch nicht gut auf den Hosenboden setzen und schreiben: „Es war schneidend kalt, der Schnee fiel in Strömen, und Herrn Doktor Eisenmayer erfroren, als er aus dem Fenster sah, beide Ohrläppchen" – ich

meine, dergleichen kann man doch beim besten Willen nicht im August hinschreiben, während man wie ein Schmorbraten im Familienbad liegt und auf den Hitzschlag wartet! Oder?

Frauen sind praktisch. Meine Mutter wusste Rat. Sie trat an den Fahrkartenschalter, nickte dem Beamten freundlich zu und fragte: „Entschuldigen Sie, wo liegt im August Schnee?"

„Am Nordpol", wollte der Mann erst sagen, dann aber erkannte er meine Mutter, unterdrückte seine vorlaute Bemerkung und meinte höflich: „Auf der Zugspitze, Frau Kästner."

Und so musste ich mir auf der Stelle ein Billett nach Oberbayern lösen. Meine Mutter sagte noch: „Komme mir ja nicht ohne die Weihnachtsgeschichte nach Hause! Wenn's zu heiß wird, guckst du dir den Schnee auf der Zugspitze an! Verstanden?" Da fuhr der Zug los.

„Vergiss nicht, die Wäsche heimzuschicken", rief meine Mutter hinterher.

Ich brüllte, um sie ein bisschen zu ärgern: „Und gieß die Blumen!" Dann winkten wir mit den Taschentüchern, bis wir einander entschwanden.

Und nun wohne ich seit vierzehn Tagen am Fuße der Zugspitze, an einem großen dunkelgrünen See, und

wenn ich nicht gerade schwimme oder turne oder
Tennis spiele oder mich von Karlinchen rudern lasse,
sitz ich mitten in einer umfangreichen Wiese auf einer kleinen Holzbank, und vor mir steht ein Tisch,
der in einem fort wackelt, und auf dem schreib ich
nun also meine Weihnachtsgeschichte.

Rings um mich blühen die Blumen in allen Farben.
Die Zittergräser verneigen sich respektvoll vor dem
Winde. Die Schmetterlinge fliegen spazieren. Und
einer von ihnen, ein großes Pfauenauge, besucht
mich sogar manchmal. Ich hab ihn Gottfried ge-
tauft, und wir können uns gut leiden. Es vergeht
kaum ein Tag, an dem er nicht angeflattert kommt
und sich zutraulich auf mein Schreibpapier setzt.
„Wie geht's, Gottfried", frage ich ihn dann, „ist das
Leben noch frisch?" Er hebt und senkt, zur Antwort, leise seine Flügel und fliegt befriedigt seiner
Wege.

Drüben am Rande des dunklen Tannenwaldes hat
man einen großen Holzstoß gestapelt. Obendrauf
kauert eine schwarz und weiß gefleckte Katze und
starrt zu mir herüber. Ich habe sie stark im Verdacht,
dass sie verhext ist, und wenn sie wollte, reden könnte. Sie will nur nicht. Jedes Mal, wenn ich mir eine
Zigarette anzünde, macht sie einen Buckel.

Nachmittags reißt sie aus, denn dann wird es ihr zu heiß. Mir auch: Ich bleib aber da. Trotzdem: So herumzuhocken, vor Hitze zu kochen und dabei zum Beispiel eine Schneeballschlacht zu beschreiben, das ist keine Kleinigkeit.

Da lehne ich mich dann weit auf meiner Holzbank zurück, schaue zur Zugspitze hinauf, in deren gewaltigen Felsklüften der kühle ewige Schnee schimmert – und schon kann ich weiterschreiben! An manchen Tagen freilich ziehen aus der Wetterecke des Sees Wolken herauf, schwimmen quer durch den Himmel auf die Zugspitze zu und türmen sich vor ihr auf, bis man nichts mehr von ihr sieht.

Da ist es natürlich mit dem Schildern von Schneeballschlachten und anderen ausgesprochen winterlichen Ereignissen vorbei. Aber das macht nichts. An solchen Tagen beschreib ich einfach Szenen, die im Zimmer spielen. Man muss sich zu helfen wissen!

Abends holt mich regelmäßig Eduard ab. Eduard ist ein bildhübsches braunes Kalb mit winzigen Hörnern. Man hört ihn schon von Weitem, weil er eine Glocke umhängen hat. Erst läutet es ganz von ferne; denn das Kalb weidet oben auf einer Bergwiese. Dann dringt das Läuten immer näher und näher. Und schließlich ist Eduard zu sehen. Er tritt zwischen den hohen dunkelgrünen Tannen hervor, hat ein paar gelbe Margeriten im Maul, als hätte er sie extra für mich gepflückt, und trottet über die Wiese, bis zu meiner Bank.

„Nanu, Eduard, schon Feierabend?", frag ich ihn. Er sieht mich groß an und nickt, und seine Kuhglocke läutet. Aber er frisst noch ein Weilchen, weil es hier herrliche Butterblumen und Anemonen gibt.

Und ich schreibe noch ein paar Zeilen. Und hoch oben in der Luft kreist ein Adler und schraubt sich in den Himmel hinauf.

Schließlich steck ich meinen grünen Bleistift weg und klopfe Eduard das warme glatte Kalbsfell. Und er stupst mich mit den kleinen Hörnern, damit ich endlich aufstehe. Und dann bummeln wir gemeinsam über die schöne bunte Wiese nach Hause.

Vor dem Hotel verabschieden wir uns. Denn Eduard wohnt nicht im Hotel, sondern um die Ecke bei einem Bauern.

Neulich hab ich den Bauer gefragt. Und er hat gesagt, Eduard würde später sicher einmal ein großer Ochse werden.

Eierlikörtage.

Das geheime Tagebuch des Hendrik Groen, 83 ¼ Jahre

Hendrik Groen

Ich habe unerwartet Besuch von der Leiterin des Altersheims bekommen. Sie hätte gehört, dass ich gegen alle Regeln doch einen echten Weihnachtsbaum im Zimmer stehen habe. Dieses Jahr wolle sie noch einmal darüber hinwegsehen. Na, na, was ist denn das für eine Nachgiebigkeit! Von wem sie das „gehört" hatte, wollte sie nicht verraten.

Dienstag, 24. Dezember
Ich faste heute ein bisschen, damit ich morgen einen gesunden Appetit habe.
Mein schönster Anzug liegt schon bereit, neben einem frisch gebügelten Hemd und einem goldenen Schlips, den ich vor langer Zeit einmal in einem Geschäft für Festbekleidung gekauft habe. Die Schuhe sind auch geputzt.
Eigentlich sehe ich schon noch ganz passabel aus für mein Alter. Eitelkeit kennt keine Altersgrenze.

Die Speisekarten müssen noch einmal ganz neu geschrieben werden, wegen ein paar störender Fehler in den französischen Namen der Gerichte. Antoine hat mich verschmitzt darauf aufmerksam gemacht. Zudem muss ich noch ein bisschen an meiner Tischrede feilen. Los, los, los. Meine Spazierfahrt mit dem Scooter kann ich vergessen.

Gestern hab ich beim Tee mal rundum gefragt, und es gibt tatsächlich Bewohner, die im Oktober zum letzten Mal draußen waren. Den Großteil des Herbstes und den ganzen Winter verbringen sie drinnen, es sei denn, es gibt einen besonders dringenden Grund, das Haus zu verlassen. Und dann beschränkt sich der Aufenthalt im Freien auch auf die kurze Strecke zum oder vom Bus oder Auto der Kinder.
Ich lasse mich ab und zu gern mal nass regnen und meine Haare im Wind wehen. Dazu hatte ich in den letzten Wochen reichlich Gelegenheit. Vom strengen Winter, der auch für dieses Jahr wieder vorhergesagt worden ist, weit und breit keine Spur.

Mittwoch, 25. Dezember
Heute Morgen war ich bei Eefje, um ihr frohe Weihnachten zu wünschen. Als ich an ihrem Bett stand,

wurde mir klar, dass es nicht viel zu wünschen gab. Höchstens noch eine gute Reise.

Sie lag so ruhig da, mager und weiß, und doch würdevoll und schön.

Die Schwester meinte, dass es wahrscheinlich nicht mehr lange dauern werde.

Danach musste ich kurz zu Evert, um mich etwas abzulenken. Bevor ich ein Wort sagen konnte, meinte er: „Deine schöne alte Freundin, hm? Die kann sich jetzt bald ausruhen. Gönn es ihr."

Dann goss er eine Tasse Kaffee ein, stellte mir ein Stück Kuchen hin und schaute auf die Uhr. Es war zehn vor halb zwölf.

„Das trifft sich gut", sagte er. „An Feiertagen trinke ich erst, wenn eine Zwölf in der Uhrzeit vorkommt." Und er schenkte uns beiden einen kleinen Kognak in Weihnachtsqualität ein.

„Prost, mein teurer Freund."

Danach ging ich in mein Zimmer, um mir das alles kurz von der Seele zu schreiben. Ich versuche gleich noch, ein kleines Nickerchen zu machen, danach umziehen, Haare ordentlich kämmen, und um vier Uhr werde ich dann bei Evert zum Weihnachtsessen erwartet.

Ich freu mich drauf.

Donnerstag, 26. Dezember

Das Weihnachtsessen war ganz rührend. Ria und Antoine, die ins dunkle Zimmer geschlurft kamen mit einem riesigen Truthahn, dem drei Wunderkerzen im Hintern steckten. Evert, dem beim Servieren ein großes Stück Tiramisu auf den Schoß fiel. Und – ich will mich ja nicht selbst loben, aber meine Tischrede war auch nicht von schlechten Eltern. Es ging um Freundschaft als Grundlage für ein schönes Leben. Vielleicht ein bisschen sentimental (Antoine musste eine Träne wegblinzeln), aber es kam von Herzen. Wir haben auf Eefje getrunken, „die stille Kraft hinter unserem Club, die jetzt schon sehr still geworden ist". Danach tranken wir auf unsere Freundschaft, bis dass der Tod uns scheidet. Was für uns keine allzu gewagte Prognose ist.

Am Ende gab es stehende Ovationen für die Köche. Das nächste Weihnachtsessen ist gleich um dreizehn Uhr mit allen Bewohnern, die nicht von ihren Kindern abgeholt worden sind. Die Uhrzeit sorgte für großes Geseufze bei Leuten, die nicht gern von ihrem eisernen Tagesplan abweichen, nicht mal zur Geburt ihres Heilands.

„Ich habe mittags eigentlich gar nicht solchen Appetit auf warmes Essen" oder eine Variante dieser Aussage werden wir sicher noch ein paar Mal zu hören bekommen.

Ich gehe ein Stündchen nach unten mit dem festen Vorsatz, mich nicht zu ärgern. Über niemanden.

Freitag, 27. Dezember

Weihnachtsessen Nummer zwei war gar nicht mal schlecht. Das Personal hatte eine Tischordnung aufgestellt, nachdem letztes Jahr ein Streit darüber losgebrochen war. Eine Reihe von Bewohnern hatte sich morgens schon einen Stuhl reserviert, indem sie ihre Handtaschen daraufstellten. Es hätte nur noch gefehlt, dass sie ein „BESETZT"-Schildchen anbrachten.

Mein Tischnachbar war Evert. Wahrscheinlich trauten sie sich nicht, jemand anders neben ihn zu setzen. Außerdem saßen Grietje und Edward an unserem Tisch sowie die Schwestern Eversen, die immer alles wunderbar, gemütlich, toll und großartig finden – auf die Art war das Risiko von Zusammenstößen minimal.

Der Koch hatte sich selbst übertroffen und keinen falschen Hasen mit Sahnesauce gemacht, sondern Wildragout mit Reis. Ein gewagtes Unterfangen. Um die Bewohner nicht zu sehr zu schockieren, gab es vorab Garnelencocktail und zum Nachtisch Coupe Dänemark.

Das Essen war lecker und unterhaltsam.

Sogar die Eröffnungsrede von Frau Stelwagen war gut, nämlich weil sie so kurz war. Wenn man kein begnadeter Redner ist, gibt es nur eine wichtige Regel: Fasse dich kurz.

Vor allem auf Beerdigungen wird das recht gern vergessen. „Ich kann mich noch gut erinnern, wie ich Pietje auf der Versammlung des Brieftaubenvereins *Die fliegende Ratte* zum ersten Mal traf und er zu mir sagte: ,Jan, möchtest du nicht…'" Wenn jemand so anfängt, weiß man schon, dass daraus nichts Gescheites mehr werden kann, weil es vor allem um den Sprecher selbst gehen wird.

Die Kipferl
des Grauens

Heike Abidi
& Anja Koeseling

„Ich kann nicht! Ich schaffe das dieses Jahr einfach nicht. Mitte November ist unser Kater gestorben, zehn Tage später hat sich mein Schwiegervater den Oberschenkelhals gebrochen und dann bekamen meine Jungs vor zwei Wochen auch noch das Norovirus. Ich habe wochenlang nur Taschentücher an heulende Kinder verteilt, mit meiner Schwiegermutter Krankenhausbesuche bei deren jammerndem Mann gemacht und die letzte Woche dann permanent vollgekotzte Bettwäsche gewechselt. Wenn ich jetzt auch nur ein einziges Plätzchen backen soll, drehe ich durch und bringe meine Familie um!"

Meine Freundin Merle klang am Telefon, als meinte sie es verdammt ernst. Unwillkürlich fiel mir der Kinderreim „Lizzie Borden mit dem Beile, hackt Papa in Einzelteile…" ein und ich schluckte.

„Gibt es bei eurem Bäcker keine Fertigplätzchen?", wagte ich zu fragen.

Als Antwort drang ein gereiztes Schnauben durch den Hörer. „Da solltest du mal meine Familie hören. ‚Merle, Liebes – du wirst es doch wohl neben deinem Halbtagsjob noch schaffen, ein paar Plätzchen selbst zu backen. Schon den Kindern zuliebe‘“, verfiel sie in einen glockenhellen Sopran, der verdächtig nach ihrer Schwiegermutter Gisela klang. „Und Patrick hält mir einen Vortrag über misshandelte Käfighühner, deren degenerierte Eier sich im Teig der Vanillekipferl befinden, die unsere Kinder essen“, fuhr sie fort. „Nein, mit irgendwelchen Fertigprodukten brauche ich erst gar nicht ankommen.“

Als Mutter dreier Söhne im Alter von sieben, neuneinhalb und zwölf Jahren hatte Merle es sowieso schon nicht leicht. Dazu kam noch ein Ehemann, der zwar ganz nett, aber in seinem früheren Leben wahrscheinlich das Alphatier irgendeiner Pavianherde gewesen war, denn er war dominant und wusste grundsätzlich, wie die Dinge zu laufen hatten.

Als kinderloser Single sah ich meistens fasziniert auf dieses Familienleben, das mir wie das Praxisbeispiel des Darwinismus erschien (Survival of the fittest, Sie wissen schon). Jetzt aber tat Merle mir aufrichtig leid. Und weil sie erstens meine allerbeste Freundin ist – und das bereits seit zwanzig Jahren – und ich zweitens gern backe, purzelten mir die Worte aus dem Mund, ehe ich nur eine Sekunde über die Konsequenzen nachdenken konnte: „Wenn du willst, komme ich nächste Woche zu euch und backe mit deinen Jungs."

„Das würdest du tun?" Merle klang wie Maria kurz vor der Niederkunft, die unvermittelt von Donald Trump ins Weiße Haus zur Entbindung eingeladen worden war. Ihr Tonfall hätte mich aufhorchen lassen sollen, aber in diesem Moment war ich Trump – und geblendet vom Glanz meiner eigenen Großzügigkeit bejahte ich milde und erklärte mich darüber hinaus auch noch bereit, sämtliche Zutaten mitzubringen.

„Du kannst in Ruhe Weihnachtsgeschenke kaufen gehen, während ich mit deinen Kindern in der Küche Spaß habe. Kein Problem."

„Meine Güte, du bist wirklich ein Engel", sagte Merle.

Dadurch im wahrsten Sinne des Wortes beflügelt, schwebte ich am folgenden Samstag bei ihr zu Hause ein, bepackt mit zwei Kilo Mehl, mehreren Päckchen Butter und Zucker, einem Glas Himbeergelee sowie diversen Tütchen mit Nelken- und Lebkuchengewürz.

„In Deckung – hier kommt der Rosinenbomber",
witzelte Patrick, als er mir die Haustür öffnete, und
hätte ich nicht beide Arme voll mit diversen Kalorienbomben gehabt, hätte ich ihm wahrscheinlich zur
Begrüßung eine geknallt. Ich bin empfindlich, was
meine Figur oder mein Gewicht angeht, und bei Merles Ehemann wusste man nie, ob sein Humor Absicht
oder Versehen war. Doch weil es stark auf Weihnachten, das Fest der Liebe und des Friedens, zuging,
schenkte ich ihm nur ein Saccharin-Lächeln.

„Möchtest *du* vielleicht mit deinen Kindern backen?
Als Ausgleich für deine dreimal nicht in Anspruch
genommene Elternzeit als Vater?", fragte ich freundlich.

Prompt verschwand Patrick mit einem gemurmelten
„Hab noch was zu erledigen" in seinem sogenannten
Arbeitszimmer, das – wie ich nach einem heimlichen
Blick durch den Türspalt vor ein paar Monaten gesehen hatte – von einem Vierzig-Zoll-Monitor beherrscht wurde. „Wenn die Kinder im Bett sind,
verkriecht er sich hier drin und schaut oft eine ganze
Staffel von *The Walking Dead*", hatte mir Merle
unter vier Augen anvertraut. Ich bezweifelte, dass
Patrick sich des Nachts wirklich ausschließlich herumtaumelnde Zombies in zerschlissenen Klamotten

ansah oder nicht doch etwas Appetitlicheres, Leicht-
bekleidetes, aber das war nicht mein Problem.

„Menno, glotzt Papa wieder diese Zombie-Filme, die
wir nicht dürfen?" Auftritt des Erstgeborenen, der
proportional zur Pubertät auf immer mehr Vollver-
ben verzichtete.

„Hi, Lucca. Na, alles klar?", sagte ich betont munter
und tröstete mich, dass ein knappes „Joooh" besser
war als gar keine Antwort. Immerhin begrüßten Felix, der Mittlere, und Nesthäckchen Tim mich deutlich euphorischer, wobei ihre begehrlichen Blicke den
drei Tafeln Schokolade galten, die sich an der Spitze
der Ernährungspyramide aus Fett und Zucker auf
meinem Arm türmten.

„Die sind zum Backen", machte ich gleich jeglichem
Annäherungsversuch den Garaus. „Ich hoffe, ihr
seid bereit für die große Plätzchenschlacht."

„Nope, ich bin raus", verkündete Lucca. „Ich geh zu
'nem Kumpel zocken."

Ein erster Anflug von Gereiztheit legte sich über meine Samariter-Stimmung, aber ich atmete die Negati-
vität aus, wie meine Yogalehrerin es uns neulich
gezeigt hatte. „Gut, kein Thema. Aber du weißt ja –
ohne Backen keine Plätzchen. Dann können wenigstens deine Brüder mehr davon essen."

Damit ließ ich den Zwölfjährigen stehen, dessen Zahnspange jetzt gut sichtbar war, da ihm der Mund offen stand.

Siegesgewiss steuerte ich die Küche an, während Tim und Felix eifrig hinter mir herwieselten – offenbar hatte meine Drohung wenigstens bei den Jüngeren gewirkt. Vor dem Backofen kniete fluchend Merle und kratzte an einer schwarzen Kruste im Inneren herum. „Wenn ich denjenigen erwische, der als Letzter hier drin Pizza gemacht hat", zischte sie und schabte eine verkohlte Salamischeibe vom Ofenboden.

„Der Papa!"

„Der Lucca!", ertönte es unisono von Tim und Felix und Merle verdrehte die Augen.

„Wieso frage ich eigentlich noch", seufzte sie, ehe sie sich erhob und mich umarmte. „Schön, dass du da bist. Ich weiß gar nicht, wie ich dir danken soll…"

„Ach, vergiss es. Die zwei Jungs und ich werden Spaß haben, nicht wahr?"

Tim und Felix nickten auf Merles drohenden Blick hin artig, aber sie sahen aus wie zwei Sträflinge, die man zur Arbeit im Steinbruch abkommandiert hatte. Mein pädagogischer Ehrgeiz erwachte. Man muss die Kinder da abholen, wo sie stehen. „Kommt schon! Das wird lustig. Ihr dürft auch die Plätzchen verzieren, wie ihr wollt", startete ich Teil eins des Motivationsprogramms. Lustlos schlurften Tim und Felix zur Arbeitsplatte und blieben mit hängenden Armen davor stehen wie zwei abgeschaltete Haushaltsroboter.

„Und jetzt?"

„Jetzt machen wir erst mal den Teig", trällerte ich und schob Merle nachdrücklich aus der Küchentür. „Du gehst shoppen und lässt dich erst in drei Stunden wieder hier blicken, klar?"

Stolz darauf, nicht auf die blödsinnige Idee gekommen zu sein, das Abwiegen der Zutaten mit allerlei pseudolustigen Matheaufgaben zu verbinden, legte ich eine Stunde später zwei Teigkugeln für Engelsaugen und Vanillekipferl in den Kühlschrank. „Halbe Stunde Pause, danach geht es ans Ausstechen", erklärte ich. Felix und Tim hatten sich jedoch schon beim Wort „Pause" wieselflink davongemacht und ich fragte mich, ob es vielleicht ein Fehler gewesen war, die beiden nicht einfach in die Küche einzusperren, bis der Teig fertig gekühlt war.

Zwei Tassen Kaffee später (zum Glück wusste ich, wie Merles Espressomaschine funktionierte) und nach mehreren pseudo-optimistischen WhatsApps an Merle kostete es mich tatsächlich einige Mühe, die zwei Jungs aus ihren Zimmern zu holen und wieder in die Küche zu lotsen. Ich spürte, wie meine Sympathie für die Waldorfpädagogik schwand und einem Kasernenhofton Platz zu machen drohte, doch ich riss mich zusammen. „So, als Erstes machen wir Engelsaugen." Ich versuchte so freudig zu klingen, als sei ich der Engel der Verkündigung persönlich.

Statt der ehrfürchtigen Hirten sahen mich zwei Augenpaare voller Verachtung an. „En-gels-au-gen?", fragte Tim gedehnt.

„Ey, wie uncool", vervollständigte Tim.

Na prima, dachte ich verbittert. Das kommt davon, wenn der Vater Untoten-Filme glotzt, statt seinen Kindern Gutenachtgeschichten vom Sandmann vorzulesen. Aber weil mich die Geringschätzung im Gesicht des Mittleren empfindlich in meiner Bäckerehre traf und der Jüngste bereits zu Fluchtbewegungen neigte, fasste ich einen Entschluss. „Gut, dann machen wir eben Zyklopenaugen."

Felix starrte mich verblüfft an, während Tim krähte: „Was ist ein Zyklop?"

Aha, in dem Punkt hatte Zombie-Papa offenbar keine Aufklärungsarbeit geleistet. Oder er war der griechischen Mythologie nicht mächtig. „Ein Zyklop ist ein menschenfressender Riese mit nur einem Auge. Mitten auf der Stirn. Wer ihm begegnet, der wird mit Haut und Haaren von ihm verschluckt."

Drei Sekunden Stille. „Geil", sagte Felix dann ehrfürchtig und Tim hüpfte begierig auf und ab.

„Gib mir den Teig, gib mir den Teig! Ich mache das erste Zü-Klo-Auge", schrie er ungeduldig.

„Aber mit viel Blut", fügte sein Bruder hinzu und schielte begehrlich auf die rote Himbeermarmelade.

„Sowieso", sagte ich lässig und kam mir vor wie im alten Rom. Die Menge verlangte nach Brot und Spielen.

Eine Stunde später glich die Küche einem Horrorkabinett. Überall klebte Marmelade. Felix hatte seine Technik perfektioniert und um den roten Klecks in der Mitte des ausgestochenen Plätzchens herum kunstvolle Schlieren fabriziert. Zitat: „Dem Zyklopen läuft Blut aus'm Auge, während er Menschen frisst."

Tim dagegen hatte darauf bestanden, aus einem Teil des Teiges Totenköpfe zu formen. „Die sind von denen, die der Menschenfresser schon totgemacht hat."

Ich ließ die Jungen sich austoben, denn die Alternative wäre gewesen, stundenlang in der Küche zu stehen und einsam Engelsaugen auszustechen oder öde Halbmonde zu formen.

Selbstredend, dass auch aus dem zweiten Teig, der verführerisch nach Vanille duftete, keine Kipferl wurden, sondern Teufelshörner. Jedenfalls was Tim anging. Felix zog es vor, kleine Teighäufchen zu nehmen und daraus mehr oder weniger kunstvoll Knochen zu formen, während er lauthals *In der Weihnachtsbäckerei gibt es manche Leckerei* mitsang, das im CD-Player lief. Meine Versuche, die Teigknochen als harmlosen Ausdruck kindlicher Kreativität zu interpretieren, wurden von den beiden Mini-Kannibalen zunichtegemacht.

„Los, ab ins Feuer mit dem Zyklopen", schrie Felix und rammte das Blech mit den Marmeladenplätzchen in den vorgeheizten Backofen.

„Danach kommen die Leichenteile rein", kreischte Tim und bepinselte einen der Vanilleknochen mit Himbeermarmelade. Kinder im Blutrausch.

Gerade als ich das zweite Blech in den Ofen schob, hörte ich das Geräusch eines Schlüssels im Haustürschloss und gleich darauf eine Frauenstimme: „Oh, das riecht ja wirklich wundervoll nach weihnachtlichen Köstlichkeiten!"

Ich erstarrte. Das war nicht Merles raues, von einigen Zigaretten pro Tag immer leicht heiser klingendes Organ. Dieser glockenhelle Sopran gehörte …

„Oma!", schrie Tim begeistert und schnappte sich eins der runden Himbeerplätzchen. Er hielt es vor seine Stirn und stürmte in den Flur. „Wir haben Zyklopenaugen gebacken! Guck mal – ganz blutig von der vielen Menschenfresserei!"

„Die Knochen sind gerade im Ofen", überschrie Felix seinen kleinen Bruder und rannte ebenfalls in den Flur. Ich schloss die Augen und wünschte in diesem Moment, ich wäre Odysseus. Der Kampf gegen den einäugigen Riesen schien mir ein Klacks gegen das, was mir wahrscheinlich gleich von Merles Schwiegermutter Gisela drohte. Die Frau hatte mich damals schon nicht leiden können, als ich Merles Trauzeugin war. Bei der Hochzeit hatte ich den Fehler gemacht zu erzählen, dass mein dunkelrotes, geschlitztes Samtkleid aus einem Laden namens Lack 'n' Roll stammte. Es war zwar mit dem Slipdress aus cremefarbener Seide darunter durchaus elegant, aber beim Namen des Ladens ließ Gisela den Schwiegertiger aus dem Tank – und ich war fortan Persona non grata.

Meine Plätzchenback-Aktion würde die Sache nicht besser machen, hatte ich das Gefühl. Kurz darauf tauchte Gisela in der Küche auf und musterte fassungslos unser Werk, während Rolf Zuckowski in Dauerschleife aus dem CD-Player scheppte.

Ich versuchte zu retten, was zu retten war. „Hallo, Frau Peters, schön, Sie zu sehen. Wie geht's Ihrem Mann im Krankenhaus?"

Doch meine Mühe war vergeblich.

„Zyklopen-Plätzchen, also wirklich! Und was sind das da für Gebilde?", fragte Gisela, während Merle, die hinter ihrer Schwiegermutter aufgetaucht war, eine Grimasse schnitt und die Schultern zuckte.

„Na, Totenschädel! Die von den aufgefressenen Menschen", plärrte Tim, noch ehe ich eine kreative Ausrede fand.

„Ich muss mich sehr wundern. Welche Folgen das für ein kindliches Gemüt hat, will ich mir gar nicht ausmalen!" Giselas Blick erinnerte mich an den des Polizisten aus *M – eine Stadt sucht einen Mörder*: Die reinste Verachtung in Gestalt einer Frau im blaugrauen Twinset mit Perlenkette, während ich mit mehlbestäubten Jeans und klebrigen Marmeladenfingern dastand.

Zu allem Überfluss kam just in dem Moment Lucca, der Älteste, nach Hause und fasste die vorweihnachtliche Veranstaltung in drei Worte: „Boah! Voll Foodporn, ey!"

Mir kam eine Idee. „Gehen Sie doch mal zu Patrick rein, Frau Peters. Er hat vorhin schon von Ihnen gesprochen", sagte ich scheinheilig.

„Das mache ich. Merle, ich rate dir dringend, die Küche aufzuräumen, damit nicht noch mehr … Schaden bei deinen Kindern angerichtet wird", schnaubte die Schwiegermutter meiner besten Freundin und gleich darauf hörte ich die Absätze ihrer Stiefeletten auf dem Flurboden klackern.

„Drei, zwei, eins …", zählte ich und tatsächlich hörte man nach einem kurzen Klopfen das Öffnen einer Tür und gleich darauf drangen knurrende Laute und schrille Schreie an unsere Ohren.

„Ich tippe auf Staffel drei von *The Walking Dead*", sagte ich.

Merle legte den Kopf schief. „Oder … *Die Nacht der lebenden Toten*. Das hat Patrick erst neulich gestreamt." Wir blickten uns an und prusteten los.

„Hier stinkt's nach verbranntem Zyklop", ertönte es auf einmal vorwurfsvoll von Tim.

„Oh, Sch…", rief Merle und riss die Ofentür auf. Auf dem Backblech lagen nur mehr schwarze Brocken.

„Unsere Teufelshörner! Jetzt haben sie die richtige Farbe", jubelte Felix.

Obwohl Gisela konsterniert das Haus verlassen hatte, war Merle am Ende des Tages ziemlich zufrieden, denn Patrick hatte versprochen, darüber nachzudenken, ob er sein Netflix-Abo zum Jahresende kündigte.

„Aber weißt du, was das Beste ist?", sagte Merle. „Jetzt kann ich jedes Jahr Plätzchen vom Bäcker kaufen – und meine Schwiegermutter wird keinen Ton mehr darüber verlieren!"

Chaos-Christmas

Verena Klefing

Jedes Jahr das gleiche Spiel,
ich erwarte gar nicht viel,
wünsch mir ein Beisammensein
stimmungsvoll bei Kerzenschein.

Alle kommen hektisch an,
Tante Inge und ihr Mann,
meine Brüder, Nichten, Neffen,
draußen brüllt schon Schreikind Steffen.

Na, das kann ja heiter werden!
Nachbar Heinz kommt mit Beschwerden;
schließlich braucht's nur kurze Zeit
schon entfacht ein lauter Streit.

Schnell verlassen wir das Haus,
draußen sieht's so friedlich aus,
doch der Streit, der dauert an:
Wer bestimmt jetzt das Programm?

Oma will zur Kirche gehn,
das kann Inge nicht verstehn.
Steffen schreit, so laut er kann:
„Wann fängt die Bescherung an?"

Wenig später schimpfen alle,
Oma weint, es jault der Kalle.
Das ist nämlich unser Hund,
und auch dem wird's jetzt zu bunt.

Kurz entschlossen ruft mein Mann:
„Stellt euch alle nicht so an!
Das Geschrei hält niemand aus!
Geht sofort zurück ins Haus!"

Sein Gesicht zeigt irres Zucken,
alle folgen ohne Mucken.
Und es kehrt kurz Ruhe ein.
Könnt sie doch von Dauer sein!

Skeptisch blick ich auf die Gäste,
hoffe heimlich auf das Beste,
seh die Kinder stürmisch spielen,
manchmal auch auf Oma zielen.

Doch das stört mich nicht so sehr,
denn ich frage mich vielmehr:
Ist da wohl ein Tischbein lose?
Hängt am Baum 'ne Unterhose?

Flehend frag ich meinen Mann,
ob er nicht was machen kann,
um das Treiben zu beenden
und das Schlimmste abzuwenden.

Dieser stützt des Tisches Bein,
fängt dann fix die Kinder ein
und erzählt vom Weihnachtsmann,
dass der alles sehen kann.

Ihm gelingt auf diese Weise
fast ein Wunder: Es wird leise!
Doch ich will's mir nicht erlauben,
an den Frieden fest zu glauben.

Immerhin ist eins gelungen:
Alle haben brav gesungen.
Die Bescherung kann nun starten,
keiner will mehr länger warten.

Päckchen werden aufgerissen,
Packpapiere weggeschmissen.
Plötzlich gleicht das Weihnachtszimmer
einem Flohmarkt – nein, viel schlimmer!

Denn in wirklich kurzer Zeit
wächst ein Müllberg hoch und breit.
Und der Boden ist bedeckt,
unser Chaos fast perfekt.

Ja, ich weiß, man glaubt es kaum,
vollgepackt ist nun der Raum.
Auf den Baum sieht niemand mehr,
dabei neigt sich dieser sehr!

Wenig später kippt er dann,
keiner weiß, wie das wohl kann,
mitten auf den Couchtisch nieder;
und die Oma weint schon wieder.

Nur per Zufall fällt mein Blick
auf das nächste Missgeschick:
Lichterloh brennt unser Kranz,
kurz darauf auch Kalles Schwanz.

Panisch rennt er durch den Raum
und entzündet auch den Baum.
Alle Kinder kreischen auf,
Inge schreit nur: „Oma, lauf!"

Ängstlich rennen alle raus,
stürmen wieder aus dem Haus.
Doch der Uwe löscht den Brand,
weiß ist jetzt nicht nur die Wand.

Kalle und der Weihnachtsbaum
sind bedeckt von dichtem Schaum.
Uwe hat's gekonnt vollbracht,
uns die Weihnacht weiß gemacht.

Nur der Engel Gabriel,
der ist leider nicht mehr hell,
sondern ganz verkohlt vom Feuer.
Dabei war er doch so teuer!

Schwarz ist leider auch der Braten,
der zu lang im Ofen war.
Jetzt bleibt nur noch abzuwarten:
Wie wird's wohl im nächsten Jahr?
(Dreimal dürft ihr alle raten!)

Der Weihnachtsbraten

Rita Fehling

„Sag mal, was soll ich dieses Jahr eigentlich zu Weihnachten kochen?" Diese bedeutungsschwere Frage richte ich an meinen Sohn, der in letzter Zeit mit dem Essen sehr mäkelig geworden ist. Ich will schließlich nicht riskieren, dass er am heiligen Fest ein langes Gesicht macht. Er wartet auf mütterliche Vorschläge. Gans, Ente, Wildschwein, Hase, Rehrücken… Ist ihm alles nicht recht.

Mit Freude nehme ich sein Interesse am Kochen zur Kenntnis, das er durch den Kochunterricht in der Schule erworben hat. Stolz erzählt er, welche komplizierten und doch sehr schmackhaften Gerichte er dort schon gekocht hat. Er sieht mich schwer beeindruckt.

„Wenn dir alles nicht passt, was ich kochen will, wie wär's, wenn du kochst?" Ich weiß, ein sehr abenteuerlicher Vorschlag. Ich stelle mir bildlich vor, wie an diesem hohen Feiertag meine Küche aufs Wildeste verwüstet wird. Aber warum eigentlich nicht?

Schließlich lernen die Kids kochen nur durch Kochen. Und wenn ich immer all die Arbeit an mich reiße, dann kann er ja keine Erfahrungen sammeln. Ich lasse mich also auf den Deal ein.

„Papa, weißt du schon, dass ich dieses Jahr zu Weihnachten koche?"

Ein wahrhaft erstauntes Grunzen kommt aus väterlichem Mund. „Nie im Leben, das erlaubt Mama nie!"

„Doch, kannst sie fragen, ich darf kochen."

„Glaub ich nicht."

„Jawohl!"

„Du und kochen? Du maulst doch schon, wenn du bloß mal das Frühstück machen sollst. Dann koche ich schon lieber."

Nachdenklich legt der Sohn seinen Kopf schief und stellt sich seinen Erzeuger vor, wie er ein weihnachtliches Menü zubereitet. „Mensch, Papa, du kannst doch gar nicht kochen."

„Was glaubst du denn, was ich alles kann. Ich wird's dir beweisen." Sprach's und ging seiner Wege. Der Sohn hingegen war nun doch froh, dass er nicht dafür büßen musste, dass er seinen Mund zu voll genommen hatte. Es kamen – berechtigte – Zweifel wegen des Bewältigens dieser Aufgabe in ihm hoch.

Aber wenn Papa das machen würde … umso besser.
Es begab sich aber in diesem Jahr, dass nach dem
turbulenten Fest des Heiligen Abends in einer kleinen
Familie in Deutschland alle drei Familienmitglieder
sich etwas ratlos ansahen, denn nach dem Frühstück
und den vormittäglichen Verwandtschaftsbesuchen
stellte sich ein leichtes Hungergefühl ein. Und ein
jeglicher wartete, dass der andere kochen möge.
Aber jeder hatte sich auf den anderen verlassen.
Was es bei uns zu essen gab? Wissen Sie, Spaghetti
schmecken eigentlich immer.

Christkind verkehrt

Hans Fallada

Ich hatte mir zu Weihnachten ein Puppentheater ge-
wünscht, ein Puppentheater aus Pappe, mit Prosze-
nium, Soffitten und Hintergrund, mit den Figuren
für Wilhelm Tell – alles aus Pappe. Auf meines Bru-
ders Uli Wunschzettel aber hatte eine Robinsonade
gestanden, aus Blei. Robinson und Freitag und Pal-
men und eine Hütte und das „Pappchen" in seinem
Rutenkäfig, alles aus Blei.

Einmal ist es so weit, und die kleine silberne Bimmel
klingelt, und die Tür tut sich auf, und der Baum
strahlt, und wir marschieren auf ihn zu, wie die Or-
gelpfeifen, nach dem Alter: erst Uli, dann ich, dann
Margarete, dann Elisabeth. Und nun stehen wir vor
dem Baum, rechts und links von ihm Mama und
Papa, und wir sagen jeder etwas auf: ein Weihnachts-
lied oder ein paar hausgemachte Verse. Während das
geschieht, ist es verboten, nach den Tischen zu schie-
len, aber ich wage doch einen Blick – und da, links
von mir, steht das Puppentheater, strahlend, und der
Vorhang ist aufgezogen, und Tell ist auf der Bühne
und Geßler – welches Glück!

Aber wie nun Elisabeth als die letzte ihr Sprüchlein gesagt hat und wir zu unsern Tischen dürfen, da führt mich Mama nicht nach links, nicht zu dem Puppentheater, sondern nach rechts, wo auf einem großen Brett mit gelbem Sand und grünem kurzen Moos und blaugestrichenem Meer die Robinsonade aus Blei aufgebaut ist –: „Dein Bruder Uli", sagt Mama, „ist voriges Jahr viel besser weggekommen als du. Und deshalb bekommst du in diesem Jahr den Robinson, der ist viel schöner."

Und nun standen wir beide da, wie die rechten Küster, und versuchten zu spielen, er mit „meinem" Puppentheater, ich mit „seinem" Robinson, und das Herz war uns schwer, und zu freuen hatten wir uns doch auch. Und ab und an wagten wir einen Blick zum andern und fanden, der konnte gar nichts mit „unserm" Spielzeug anfangen.

Aber das Seltsame an diesem sonst ganz unweihnachtlichen Weihnachtserlebnis war, dass wir – Uli und ich – nun nicht etwa, als die weihnachtlichen Freuden verrauscht und wir mit unserm Spielzeug aus dem Bescherungs- in „unser" Zimmer übergesiedelt waren, dass wir da nicht etwa unsere Weihnachtsgeschenke austauschten und das so falsch Begonnene richtig vollendeten …

Nein, das Seltsame war, dass Uli leidenschaftlich an seinem Puppentheater hing und dass ich wie ein Hofhund über meinem Robinson wachte. Von all den vielen Weihnachtsfesten meiner Kindheit ist dieses eine nur mir ganz unvergesslich und deutlich geblieben: mit dem spähenden Entdeckerblick zum Tisch, mit dem „Besser-Wegkommen", mit dem Sich-freuen-Müssen, mit dem verlegenen Schuldgefühl. Kein Spielzeug hat den Glanz dieses falschen Robinsons, es ist mitgegangen mit mir durch mein Leben, und heute noch, wenn ich nicht einschlafen kann, spiele ich Robinson.

Furchtbar schlimm

Richard Dehmel

Vater, Vater, der Weihnachtsmann!
Eben hat er ganz laut geblasen,
viel lauter als der Postwagenmann.
Er ist gleich wieder weitergegangen
und hat zwei furchtbar lange Nasen,
die waren ganz mit Eis behangen.

Und die eine war wie ein Schornstein,
und die andre ganz klein wie'n Fliegenbein,
darauf ritten lauter, lauter Engelein,
die hielten eine großmächtige Leine,
und seine Stiefel waren wie deine.

Und an der Leine, da ging ein Herr,
ja wirklich, Vater, wie'n alter Bär,
und die Engelein machten hottehott;
ich glaube, das war der liebe Gott.

Denn er brummte furchtbar mit dem Mund
ganz furchtbar schlimm; ja wirklich! Und –
„Aber Detta, du schwindelst ja,
das sind ja wieder lauter Lügen!"

Na was schad't denn das, Papa?
Das macht mir doch so viel Vergnügen!

„So? – Na ja."

Weihnachtsengel

Gitta Edelmann

Onkel Olaf war alles andere als Finns Lieblingsonkel. Ja, Finn war sogar richtig sauer auf ihn, seit Onkel Olaf ihm zum Geburtstag ein Buch geschenkt hatte. Nicht, dass ein Buch kein tolles Geschenk ist. Aber man schenkt doch kein dünnes Büchlein für Kinder ab sechs einem neunjährigen Jungen, der gerade sämtliche Harry-Potter-Bände in einem Rutsch gelesen hat!

„Onkel Olaf hat eben keine Kinder", versuchte Finns Mutter ihren Bruder in Schutz zu nehmen. Finn durfte sich ein anderes Buch aussuchen und Onkel Olafs Geschenk wurde bei nächster Gelegenheit weiter verschenkt.

So war Finn am Heiligen Abend nicht besonders überrascht, als Onkel Olaf erst ankam, während Finn und sein kleiner Bruder David mit Oma, Opa, Mama und Papa schon in der Kirche waren. Als sie nach Hause kamen, stand er frierend und fluchend vor der Haustür. Geschah ihm ganz recht, fand Finn. Beim Essen füllte er sich einen Riesenberg Truthahn, gebackene Kartoffeln und Soße auf. Das Gemüse ließ er stehen. Dazu sagte er vorwurfsvoll: „Bei euch gibt es jedes Jahr das Gleiche!"

Alle sahen sich an. Natürlich gab es jedes Jahr das Gleiche! Was wäre Weihnachten ohne Papas Super-duper-Truthahn? Das wäre ja, als würde man den Tannenbaum weglassen!

Onkel Olaf spülte das Essen mit mehreren Gläsern Wein runter.

„Sitz noch ein bisschen still, damit das Christkind die Geschenke unter den Tannenbaum legen kann", flüsterte Oma David zu. Der Kleine zappelte ständig auf seinem Stuhl und starrte auf die verschlossene Tür zum Wohnzimmer.

„Erzähl dem Jungen doch keine Märchen!", mischte sich Onkel Olaf ein. „Natürlich gibt es kein Christkind, das die Geschenke bringt. Das Christkind liegt doch in der Krippe!"

Womit er irgendwie natürlich recht hatte.

„Dann eben der Weihnachtsmann", sagte Oma und warf Onkel Olaf einen bösen Blick zu.

„Und wie soll der allein allen Leuten auf der ganzen Welt die Geschenke bringen? Mach dich nicht lächerlich!", sagte Onkel Olaf und goss sich das nächste Glas Wein ein.

David fasste Finns Hand. Er mochte es gar nicht,

wenn die Erwachsenen stritten.

„Aber die Weihnachtsengel helfen doch", sagte er, „und das sind ganz, ganz viele!"

Finn nickte. Natürlich wusste er, dass auch die Weihnachtsengel ins Reich der Fantasie gehörten, aber David war erst vier. Mit vier durfte man noch an das Christkind oder den Weihnachtsmann glauben. Oder eben an die Weihnachtsengel.

Onkel Olaf lachte. „Weihnachtsengel! Das wird ja immer besser! Was erzählst du deinen Kindern für einen Mist, Susanne!"

„Olaf", mischte sich Opa ein. „Es reicht!"

Olaf leerte sein Glas und schwieg tatsächlich.

Schließlich war es so weit. Zu den klimpernden Klängen der Spieluhr öffnete Papa die Tür zum Wohnzimmer.

„Am Weihnachtsbaume die Lichter brennen", stimmte er an, das passte genau. Danach sangen sie „Ihr Kinderlein kommet" und dann begann das Geschenkeauspacken. Finn und David hatten natürlich die meisten Päckchen und es dauerte eine ganze Weile, bis mit „Oh" und „Ah" alles ausgewickelt war. David fing sofort an, seine Holzeisenbahn aufzubauen. Finn steuerte sein neues Auto mit der Fernsteuerung um die Haufen von Weihnachtspapier.

Mama holte eine Schüssel Plätzchen und Onkel Olaf goss sich noch ein Gläschen Wein ein. Finns Auto sauste an seinen Füßen vorbei. Leicht verwirrt sah Onkel Olaf ihm nach.

Fernsteuerung, dachte Finn plötzlich. Flugzeug.

Er ging zu seiner Mutter. „Hast du noch was von dem dünnen weißen Stoff von den neuen Gardinen?", flüsterte er ihr ins Ohr.

Mama nickte und nahm ihn mit ins Schlafzimmer, wo ein Korb mit Stoffresten stand.

„Ist aber nicht mehr viel", sagte sie. „Willst du dich verkleiden?"

Finn schüttelte den Kopf und verschwand mit dem Stoff im Kinderzimmer.

Im Wohnzimmer hatten Papa und David die Eisenbahn inzwischen vollständig aufgebaut. Opa machte auf dem Sofa ein Nickerchen und Oma sang leise: „Alle Jahre wieder". Onkel Olaf starrte aus dem Fenster. Plötzlich wurden seine Augen groß und rund. Sein Mund klappte auf.

„Da, da!", rief er und zeigte zum Fenster hinaus. Dort flog in der dunklen Nacht tatsächlich eine kleine weiße Gestalt vorbei.

„Ein Weihnachtsengel", rief David und rannte zum Fenster.

„Das gibt's doch nicht!", sagte Onkel Olaf fassungslos und sah das halb leere Weinglas in seiner Hand an.
Da kam der Weihnachtsengel auch schon zurück und
drehte eine kleine Runde vor dem Wohnzimmerfens-
ter, als wollte er sich verabschieden.

David winkte ihm nach, bis er verschwunden war.

„Siehst du", sagte er zu Onkel Olaf.

Einen Augenblick später schlüpfte Finn zurück ins
Wohnzimmer. Mama zwinkerte ihm zu. Sie hatte
schon sehr genau hinsehen müssen, um unter dem
wallenden Gewand des Engels den Körper von Finns
ferngesteuertem Flugzeug zu erkennen.

Onkel Olaf sagte den ganzen Abend kein Wort mehr.
Er trank nur noch Mineralwasser und verabschiedete sich so früh wie noch nie.

„Dem hast du's aber gezeigt!", sagte David, als er
und Finn schließlich in ihren Betten lagen.

„Wie gezeigt? Was? Ich?", fragte Finn.

„Na, mit dem Weihnachtsengel!", sagte David.

„Wieso ich?"

„Das war dein Flieger!", erklärte David. „Aber Onkel Olaf hat echt geglaubt, das wär ein Engel!"

„Und du nicht?", fragte Finn enttäuscht.

„Nee", sagte David. „Weil doch jeder weiß, dass die
echten Weihnachtsengel unsichtbar sind."

Er schloss die Augen und drehte sich auf seine Schlafseite.

Finn starrte noch einen Moment zum Fenster. Unsichtbar, dachte er. Dann war auch er eingeschlafen.

Mann
nimmt ab

Dora Heldt

Es ist wieder so weit. Im neuen Jahr wird Bilanz gezogen und jede Figurveränderung unter die Lupe genommen, kritisch und ohne Erbarmen. Wer von Menschen umgeben ist, die bereits in die strenge Diätphase eingestiegen sind, wird mir zustimmen: Diese Zeit ist nicht lustig. Und zudem anstrengend. Wobei es ein großer Unterschied ist, wer abnehmen will, Mann oder Frau.

Wir Frauen reden nicht darüber. Wir setzen uns ein Ziel, suchen die richtige Methode und fangen einfach an. Wir vermeiden Termine, bei denen gegessen oder getrunken werden muss, weil wir keine Lust haben, anderen den Abend zu verderben. Wenn es nicht anders geht, bestellen wir uns einen winzigen Salat, ohne Dressing, nur Essig, wenig Öl, dazu einen Kaffee, schwarz, und tun so, als wäre es das Beste, was wir jemals bei diesem Italiener bekommen hätten. Und erst, wenn wir das Ziel erreicht haben, geben wir zu, dass es doch mal

wieder Zeit für eine Diät gewesen ist. Aber nie vorher.

Männer hingegen sind da ganz anders. Männer brauchen ein Publikum. Bei der Wahl der Diät gibt es nur eine richtige Methode, nämlich die, die gerade im Trend ist. Nach wenigen Tagen müssen wir uns begeisterte Vorträge über Low Carb, Low Fat, schlechte Kohlenhydrate, neutrale Nahrungsmittel, Weißmehl oder Fruchtzucker anhören, Männer haben schnell das ganze Fachvokabular drauf und erklären es jedem, der in der Nähe ist, egal, ob es ihn oder sie interessiert. Viele Männer kochen darum auch lieber selbst, es könnte ja sein, dass die unwissende Liebste doch böse Butter auf den neutralen Brokkoli kippt und somit alles zerstört. Gejoggt wird mindestens viermal die Woche, schließlich geht es nicht nur um ein paar Kilos, hier geht es um Sieg oder Niederlage. Gegen den Bauch, gegen die Schwerkraft, gegen die anderen. Jedes verlorene Gramm wird triumphierend verkündet, jeder Fortschritt demonstriert, der sackartige Winterpullover zügig durch das taillierte Hemd ersetzt.

Ich frage mich, ob sie wirklich mehr Erfolg haben als wir. Einen leisen Zweifel habe ich. Nur weil sie die Welt an ihrer Diät teilhaben lassen, wird der Hunger ja nicht kleiner.

Ab nächster Woche lasse ich dann vielleicht mal ein paar Dinge weg. Das sage ich aber keinem. Und trage so lange den sackartigen Winterpullover meines Liebsten. Bis er was merkt. Oder ihn zurückhaben will.

Mit besten Grüßen
Ihre Dora Heldt

In der Neujahrsnacht

Joachim Ringelnatz

Die Kirchturmglocke
schlägt zwölfmal Bumm.
Das alte Jahr ist wieder mal um.

Die Menschen können sich in den Gassen
vor lauter Übermut gar nicht mehr fassen.
Sie singen und springen umher wie die Flöhe
und werfen die Mützen in die Höhe.

Der Schornsteinfegergeselle Schwerzlich
küsst Konditor Krause recht herzlich.
Der alte Gendarm brummt heute sogar
ein freundliches: Prosit zum neuen Jahr.

Quellen

Heike Abidi/Anja Köseling, Die Kipferl des Grauens, aus: Heike Abidi/Anja Köseling, Advent, Advent, der Christbaum brennt, © 2017 Edel Germany GmbH, Hamburg, S. 14-23

Gitta Edelmann, Weihnachtsengel, © bei der Autorin

Horst Evers, Die schönsten Weihnachtsmärkte der Welt. (Folge 13): Der Wikinger-Weihnachtsmarkt von Rostock, aus: Horst Evers, Früher war mehr Weihnachten, © 2017 Rowohlt Verlag GmbH, Hamburg, S. 15–21

Rita Fehling, Der Weihnachtsbraten, © bei der Autorin

Hendrik Groen, Eierlikörtage. Das geheime Tagebuch des Hendrik Groen, 83 ¼ Jahre, © 2016 Piper Verlag GmbH, München, S. 406–410

Axel Hacke, Als ich Jesus war, aus: Axel Hacke, Alle Jahre schon wieder. Ein Weihnachtsbuch © 2009 Verlag Antje Kunstmann, München

Dora Heldt, Mann nimmt ab, aus: Dora Heldt, Jetzt mal unter uns… © 2014 dtv Verlagsgesellschaft mbH & Co. KG, München, S. 212–215